LES AMOURS DE PARIS

DRAME EN CINQ ACTES, EN SEPT TABLEAUX

PAR

ADOLPHE D'ENNERY & LAMBERT-THIBOUST

PARIS

MICHEL LÉVY FRÈRES, LIBRAIRES ÉDITEURS

RUE VIVIENNE, 2 BIS, ET BOULEVARD DES ITALIENS, 15

A LA LIBRAIRIE NOUVELLE

—

MDCCCLXVII

LES

AMOURS DE PARIS

DRAME

Représenté pour la première fois, à Paris, sur le théâtre de l'Ambigu-Comique,
le 17 octobre 1866.

IMPRIMERIE L. TOINON ET C°, A SAINT-GERMAIN.

LES
AMOURS DE PARIS

DRAME EN CINQ ACTES

EN SEPT TABLEAUX

PAR

ADOLPHE D'ENNERY ET LAMBERT-THIBOUST

PARIS

MICHEL LÉVY FRÈRES, LIBRAIRES ÉDITEURS

RUE VIVIENNE, 2 BIS, ET BOULEVARD DES ITALIENS, 15

A LA LIBRAIRIE NOUVELLE

1867

Tous droits réservés

1866

PERSONNAGES

GEORGES RENNEPONT, capitaine de vais-
seau .... MM. Lacressonnière.
GÉRARD, banquier................. .... Castellano.
POLYTE............................... Régnier.
DE FAVEROLLES..................... Laclaindière.
HENRY DE MARSAY.................. Guérin.
NARCISSE MALICORNE................ Victorin.
Un Monsieur......................... Berret.
HERCULE, sapeur.................... Richez.
IVANOF .... Bernin.
Un Monsieur en noir.................. Lavergne.
Un Cocher........................... Néraut.
Un Garçon de restaurant.............. Parrot.
JEAN, domestique..................... Laurent.
Un Étudiant .... Reymers.
MADELEINE TOUQUET................ Mmes Marie Laurent.
DENISE, sa cousine................... Adèle Page.
MADAME D'HAUTERIVE - RENNEPONT,
soeur de Gérard.................... Germa.
MARTHE D'HAUTERIVE, sa fille......... P. Deshayes.
LISA, chanteuse des rues............... Lacressonnière.
SYDONIE PAPILLON, ouvrière........... G. Olivier.
JULIE, femme de chambre.............. Clara.
FÉLICITÉ, cuisinière................... Adèle.
MÉTELLA............................ Joséphine.
FILLE-DE-L'AIR .... Alphonsine.
Une Grisette......................... Julia.
Première Marchande de fleurs......... Clémentine.
Deuxième Marchande.................. Clara.

Marchandes, Garçons de restaurant, Domestiques, Promeneurs,
Bourgeois, etc.

S'adresser, pour la musique, à M. Artus, chef d'orchestre, et, pour
la mise en scène, à M. Masson, souffleur au théâtre de l'Ambigu-
Comique.

LES
AMOURS DE PARIS

ACTE PREMIER

PREMIER TABLEAU

Le quai aux Fleurs un jour de marché.

SCÈNE PREMIÈRE

MARCHANDES DE FLEURS, PROMENEURS et PROMENEUSES, puis
FÉLICITÉ, HERCULE.

Au lever du rideau, le quai aux Fleurs présente un aspect animé. — Il est
sept heures du soir. — Les marchandes offrent les bouquets et les pots
de fleurs placés devant elles et appellent les chalands.

PREMIÈRE MARCHANDE.

Fleurissez-vous, madame! de beaux œillets!

DEUXIÈME MARCHANDE.

Voyez! voyez! des géraniums! de belles roses mousseuses!
Respirez-moi ça, ma petite dame!

PREMIÈRE MARCHANDE, à un étudiant qui donne le bras à une grisette.

Allons, mes petits tourtereaux, achetez-moi un oranger!

L'ÉTUDIANT, riant.

Ah! ah! un oranger! dis donc, Nini, elle est bonne!
Merci! nous ne sommes pas de Nanterre!

Ils sortent en riant.

UN MONSIEUR, entrant d'un air mystérieux et tirant sa montre, à part.

Il est sept heures dix-sept!... Anita m'avait dit qu'elle
serait ici à sept heures... et elle n'est pas venue!... c'est
étonnant!

Il disparaît.

1

PREMIÈRE MARCHANDE.

Dis donc, Rosalie, l'as-tu reconnu, celui-là? c'est le monsieur qui pose... Faut-il qu'il soit jobard!

Les marchandes se mettent à rire.

FÉLICITÉ, cuisinière, arrivant en fredonnant.

La bell' Vénus,
La bell' Vénus,
La Vénus aux car...

HERCULE, qui vient d'entrer du côté opposé, l'accostant.

Mamselle Félicité !

FÉLICITÉ.

Ah! c'est vous, beau sapeur! vous me cherchiez?

HERCULE, lui prenant la taille.

Parmi les fleurs, vos sœurs, cuisinière de mon âme!

FÉLICITÉ.

Vous êtes toujours galant, mais vous m'avez mise l'autre jour dans un fier embarras, allez!

HERCULE.

Ah! oui, quand votre bourgeoise est rentrée *opinément* et que je me suis fourré incontinent dans l'*ormoire*.

FÉLICITÉ.

En laissant passer dehors la moitié de vot' barbe!

HERCULE.

La bourgeoise a distingué ce superbe ornement et m'a engagé à filer... Qu'est-ce qui s'est passé après mon départ?

FÉLICITÉ.

Il s'est passé que madame m'a dit : « Félicité, je vous ai prévenue que j'avais déjà renvoyé trois cuisinières pour cause de zouaves, de sapeurs ou de pompiers, et que je ne veux pas de militaires dans ma cuisine. »

HERCULE.

Et vous avez répondu ?

FÉLICITÉ.

J'ai répondu : « Madame, celui-là n'est pas à moi; c'est vot' ancienne cuisinière qui l'aura oublié là! »

HERCULE.

Heum!... spirituel mais un peu raide! Et la dame?

FÉLICITÉ.

Elle s'est mise à rire et elle n'a plus rien dit.

HERCULE.

Bravo! pour lors on peut causer?

FÉLILITÉ.

Pas pour l'instant! Mes bourgeois vont ce soir au concert
Musard... Je serai ici dans une heure!

HERCULE.

Sufficit!... amour et mystère!

Félicité sort. — Hercule s'éloigne en se dandinant.

PREMIÈRE MARCHANDE, aux autres.

Et allez donc!... Encore un rendez-vous!

DEUXIÈME MARCHANDE.

Pardi! des amoureux... on ne voit que ça sur le quai aux
Fleurs... Ce que c'est que le printemps!

SCÈNE II

MARCHANDES ET PROMENEURS, puis NARCISSE MALICORNE,
HENRY DE MARSAY et DE FAVEROLLES, tous trois en
costume de voyageurs.

NARCISSE, entrant le premier, portant un sac de voyage, une canne et
un parapluie.

Par ici, messieurs, par ici!

HENRY, gaiement.

Eh! pas si vite donc, mon cher Narcisse... Arrêtons-nous
un instant. En vérité, vous êtes infatigable!

NARCISSE.

C'est vrai! depuis que j'ai touché le sol parisien, il me
semble qu'il m'a poussé des ailes... Avec quelle volupté je
foule son asphalte!... O Paris! séjour de la fantaisie! paradis du nommé Mahomet, je te salue!

FAVEROLLES.

Vous venez y chercher le plaisir, monsieur Malicorne?

NARCISSE.

Oui, monsieur, le plaisir et l'amour.

FAVEROLLES.

Et vous, monsieur de Marsay?

HENRY.

Moi, je cherche l'imprévu.

FAVEROLLES.

Moi, messieurs, c'est différent... je viens me marier!

NARCISSE.

A votre âge, monsieur!... vous avez donc des rhumatismes?

FAVEROLLES, riant.

Non vraiment!

HENRY.

Vous êtes amoureux?

FAVEROLLES.

Allons donc!... est-ce que l'on est amoureux de la femme que l'on épouse? D'ailleurs, je ne l'ai jamais vue.

NARCISSE.

Mais si elle est bossue!... car enfin... on a vu des femmes bossues.

FAVEROLLES.

Oh! rassurez-vous! j'ai son portrait. (Tirant un médaillon de sa poche.) Messieurs, j'ai l'honneur de vous présenter celle qui sera, dans quinze jours, madame de Faverolles.

HENRY, regardant le médaillon.

Oh! la divine créature!

NARCISSE.

Voyons... voyons... (Il regarde aussi.) Oui, oui... l'air triste... Moi, j'aime les femmes folichonnes! les raseuses, il n'en faut pas!

HENRY, regardant toujours.

Ce regard parle au cœur, et l'on sent instinctivement que cette petite bouche n'a jamais menti — C'est un ange, et vous êtes bien heureux, monsieur de Faverolles!

FAVEROLLES.

Je serai surtout très-riche. Ah! Paris m'a coûté cher... le baccara, les chevaux de course, les petites dames...

NARCISSE.

Ah! vous avez fait la noce, hein!

FAVEROLLES.

J'ai vécu; et un beau matin, pendant que je déjeunais, une nuée de créanciers est venue s'abattre dans mon chocolat. Heureusement pour ces corbeaux, mon père a rendu jadis un important service au père... de ce médaillon, lequel, par reconnaissance, a exigé à son lit de mort que je devinsse le mari de sa fille; et la volonté d'un mourant étant sacrée, j'épouse!

HENRY, avec un peu d'émotion.

Mais... si pourtant cette jeune fille ne vous aimait pas?

FAVEROLLES.

Qu'importe!

NARCISSE.

Parbleu! une femme n'est pas forcée d'aimer son mari...
Nous sommes à Paris, mon cher.

FAVEROLLES.

Il n'y a de vrai que l'argent. Eh! mon Dieu! ne sont-ce
pas là les idées de notre époque?

HENRY.

Ce ne sont point les miennes en tout cas.

NARCISSE.

Ah! je vous donne mon ami de Marsay pour un puritain...
un Breton pur sang... (A Henry qui veut répondre.) Non, vrai,
vous êtes trop sentimental.

FAVEROLLES, riant.

Moi, j'aime mieux être millionnaire! et si vous le permettez, messieurs, nous nous dirons au revoir!... J'ai hâte de
faire ma première visite à ma belle et riche future!

HENRY.

Au revoir donc, monsieur!

NARCISSE.

Sans adieu, très-cher!

FAVEROLLES.

Sans adieu!

Il sort.

GÉRARD, entrant.

C'est ici qu'elle doit venir!

HENRY.

Je ne suis pas fâché de me séparer de lui!

NARCISSE.

Pourquoi donc?

HENRY, apercevant Gérard.

Gérard!

GÉRARD.

Henry!.. toi à Paris!...

NARCISSE.

Comme on se retrouve!

SCÈNE III

GÉRARD, HENRY, NARCISSE, puis **SYDONIE PAPILLON,**
et enfin **DENISE.**

GÉRARD, à Henry.

Comment, c'est toi !... Depuis quand ?

HENRY.

J'arrive... avec Narcisse que tu connais.

NARCISSE.

Vous ne me reconnaissez pas ?

GÉRARD.

Narcisse Malicorne ! parbleu !... un compatriote... un ancien camarade de collége.

Ils se donnent la main.

NARCISSE.

Collége de Rennes ! où, par parenthèse, vous vous moquiez joliment de moi... Il est vrai que j'étais un petit bêta... Mais je me suis dégourdi... je suis un malin à présent.

GÉRARD.

Vraiment !... et qui vous amène ?

NARCISSE.

Moi ?... L'amour et la folie !... A propos, j'ai pris une lettre de crédit sur vous.

GÉRARD.

Sur moi ?.. Ah! bon !... sur notre maison de banque. (A Henry.) Et toi, que viens-tu faire ici ?

HENRY.

La mort de ma grand'mère, la comtesse de Marsay, m'a fait plus de deux fois millionnaire... et, comme je n'avais plus personne à aimer là-bas, je suis venu à Paris.

GÉRARD.

Vas-tu y être assez aimé, mon Dieu !

HENRY.

Oui... pour deux millions, n'est-ce pas ?

NARCISSE.

Bah ! nous ne regardons pas à la dépense. Nous voulons rire ! Oh! les femmes! oh! l'amour ! oh ! l'amour !

GÉRARD.

Prenez garde ! dans cette succursale de Cythère qu'on appelle Paris, la chasse aux colombes est toujours ouverte.

NARCISSE, riant.

Et nous avons notre port d'armes.

GÉRARD.

Seulement, ce sont parfois les colombes qui mangent les chasseurs.

NARCISSE.

Ah! bah!

GÉRARD.

Méfiez-vous, jeunes gens, de ce qu'on appelle l'amour à Paris. Ici, l'amour a deux masques, comme le théâtre antique, l'un qui sourit, l'autre qui pleure. Méfiez-vous des larmes et des sourires. Tout cela est coté chez le bijoutier. Ah! le vieux Cupidon savait bien ce qu'il faisait quand il a choisi Paris pour capitale ; Paris, c'est-à-dire la ville éclectique par excellence, où Lucrèce et Laïs se rencontrent au bois sans se faire la grimace ; Paris, où il y a toujours des pluies d'or pour Danaé et de la galette pour Mimi Pinson ; où l'administration des postes répand, chaque matin, dix mille billets ainsi conçus : « Je vous adore ! » et vingt mille autres avec ces mots : « Tout est rompu ! » Paris, où les baisers naissent et meurent entre deux coupes de champagne ; où l'on se prend, où l'on se quitte, où l'on s'adore, où l'on se trompe... jusqu'à ce qu'enfin l'amour vous mette aux invalides, et crie à d'autres : « Allons, conscrits, à qui le tour?... Qui veut boire à la coupe des amours de Paris?... »

HENRY.

Rassure-toi, j'ai le cœur cuirassé à l'endroit des amours. Je n'en aurai jamais qu'un seul, mais celui-là sera éternel.

GÉRARD.

A Paris, il n'y a d'éternel que le changement !

NARCISSE.

Parbleu!... il faut s'amuser, mon cher, et ne jamais grignoter son petit capital. Quand on pense qu'il y a des jeunes gens qui se ruinent pour des femmes!... sont-ils assez bêtes, hein ?... Moi, ce que je rêve, c'est une Frétillon, une bonne fille qui frétille, qui se nourrisse d'échaudés et s'habille d'un cotillon. O divin Béranger, guide-moi vers elle !

GÉRARD.

Une grisette!... oui, c'est gentil parfois, mais parfois aussi...

NARCISSE.

Est-ce que vous en connûtes, monsieur ?

GÉRARD.

Moi ?... Il y en a justement une qui m'a donné rendez-vous ici même.

HENRY, riant.

Un rendez-vous d'amour ?

GÉRARD.

Un rendez-vous de rupture.

NARCISSE.

Ah ! bah !

GÉRARD.

Tenez, voici ce que m'écrit mon inconsolable : « Trouvez-vous à sept heures et demie sur le quai aux Fleurs, j'irai en sortant de mon magasin... Il faut que je vous parle pour la dernière fois. DENISE. — *Post-Scriptum.* Vous n'avez pas de cœur ! » (Riant). Pas de cœur, moi qui ai été soigné pour un anévrisme !

NARCISSE.

Eh bien, elle en a aussi, elle, du cœur... Elles en ont toutes, les grisettes !

Sydonie passe un panier au bras, elle s'approche d'un étalage et marchande des fleurs.

NARCISSE.

Ah ! messieurs ! voyez, voyez donc ! en voilà une... une vraie !...

GÉRARD.

Parbleu ! le quai aux Fleurs, c'est la patrie des dernières grisettes.

NARCISSE.

Ma foi, tant pis, je me risque ! (S'approchant). Charmante enfant, permettez-moi de vous offrir...

SYDONIE.

Passez donc votre chemin, imbécile !... En voilà un cocodès !

Elle s'éloigne. Narcisse demeure stupéfait.

GÉRARD, riant.

Mauvais début !

NARCISSE.

Cocodès !... Oh ! n'importe ! j'ai la tête montée ; je reviendrai après avoir déposé mes bagages à l'hôtel du Louvre.

GÉRARD, aux deux jeunes gens.

C'est à deux pas!... Venez me reprendre ici... nous dîne-
rons chez Bignon, et, de là, nous irons à Mabille.

HENRY.

Soit!

NARCISSE.

C'est convenu!... aujourd'hui à Mabille; mais demain...
Tiens-toi bien, Frétillon, Malicorne va paraître!

DENISE paraît, toute craintive et émue. — A part.

C'est lui, mais il n'est pas seul!

GÉRARD, l'apercevant.

Oh ! ma victime !... A tout à l'heure, mes amis!

HENRY et NARCISSE.

A tout à l'heure !

Ils serrent la main de Gérard et sortent.

SCÈNE IV

GÉRARD, DENISE.

GÉRARD, à part.

La valse des adieux!

DENISE, s'approchant et avec émotion.

Je vous ai fait attendre... pardonnez-moi.

GÉRARD.

Une jolie femme a toujours le quart d'heure de grâce.

DENISE, d'une voix douce.

Un quart d'heure!... Voilà donc tout ce que j'aurai maintenant! J'ai désiré vous revoir. Voilà trois jours que je
pleure, que je ne dors pas. Alors, je vous ai écrit... C'est
donc vrai que vous ne m'aimez plus ?

GÉRARD.

Mais, ma chère Denise, nous nous sommes aimés six semaines!

DENISE.

Eh bien ?

GÉRARD.

Six semaines... c'est très-long !

DENISE.

Vous trouvez ?...

1.

GÉRARD.

Dame ! on a le temps d'aller au Brésil !

DENISE.

Je ne vous avais pas cherché, moi ; c'est vous qui êtes venu me dire que vous m'aimiez ; je croyais que c'était pour toujours.

GÉRARD.

Moi aussi ; nos calculs étaient inexacts, voilà tout !

DENISE.

Quels reproches avez-vous à me faire ?

GÉRARD.

Vous me faisiez des scènes et vous décachetiez mes lettres.

DENISE.

Si je suis jalouse, c'est que je vous aime ; je ne peux pas vivre sans vous.

GÉRARD.

Quelle erreur !... vous verrez, dans une vingtaine d'années, vous m'aurez complétement oublié !

DENISE.

Je suis pourtant une bonne fille, moi ; je vous aimais pour vous ; je ne vous ai jamais rien demandé.

GÉRARD.

C'est vrai !

DENISE.

Vous m'avez donné cette petite bague, et je l'ai prise parce que c'était comme une alliance.

GÉRARD, à part, avec une gravité comique.

Est-ce qu'elle songeait à demander ma main à ma famille !

DENISE.

Une alliance !... folle que j'étais !... parce que je sentais que je vous aimerais toujours. (Pleurant.) Je croyais que vous ne pourriez pas cesser de m'aimer, vous !...

GÉRARD.

Oh ! la scène des pleurs... Évitons-la, ma petite Denise... Elle a été usée, en 1142, par Héloïse et Abeilard, qui avaient pris un brevet. Maintenant, le deuil de l'amour se porte en rose... Denise, je serai toujours ton ami... toujours !

DENISE, continuant de pleurer.

Un ami !

GÉRARD.

Voyons, ne pleure donc pas, on nous regarde !

DENISE.

Cela vous ennuie, que je pleure ?... Eh bien, tenez, c'est fini, voyez, je n'ai plus de larmes dans les yeux ; mais... (sanglotant) mais ne me quittez pas, Gérard, ne me quittez pas !

GÉRARD.

Denise, ma chère Denise !... (A part.) Ah ! quel ennui d'ê-tre aimé comme ça, mon Dieu ! mais c'est assommant !

DENISE.

Je le vois bien, allez ; c'est pour me consoler que vous dites que vous resterez mon ami ; vous ne viendrez pas même me voir.

GÉRARD.

Si fait !

DENISE.

Quand ?

GÉRARD.

Un de ces jours.

DENISE.

Tantôt ?...

GÉRARD.

Non !

DENISE.

Pourquoi ?

GÉRARD.

Je pars pour l'Italie.

DENISE, avec effroi.

Vous partez ?

GÉRARD.

Oui, je suis poitrinaire.

DENISE.

Ça n'est pas vrai !

GÉRARD.

J'ai toussé toute la nuit.

DENISE.

Emmenez-moi... je vous soignerai si bien !...

GÉRARD.

Oh ! impossible !

DENISE.

Pourquoi ?

GÉRARD,

Mon médecin ne veut pas !

DENISE, avec sentiment.

C'est donc vrai que tout est fini?...

GÉRARD.

Tu te consoleras bien vite, va !... (Lui tendant la main.) Adieu, Denise.

DENISE.

Adieu!... pouvez-vous dire ce mot-là si froidement !

GÉRARD, lui tenant la main.

Vois-tu, ma chère Denise, nous avons pris de l'amour le dessus du panier... Le reste, ne le regrette pas, crois-moi !.. Tu retrouveras nos petits sentiers du bois d'Aulnay, là où tu aimais tant à cueillir des fraises... gourmande! et c'est un autre que moi qui portera ton ombrelle.

DENISE.

Jamais!

GÉRARD.

Hum! tu verras... Allons, crois-moi, console-toi !

DENISE, d'un ton déterminé.

Vous le voulez?... Eh bien, soit!... je suivrai votre conseil... (Avec amertume.) Bientôt, je serai consolée... bientôt... je ne pleurerai plus... oui, oui, bientôt !

GÉRARD.

A la bonne heure ! Adieu, ma chère enfant !... sois raisonnable... il fallait en finir, vois-tu... (Il lui serre une dernière fois la main. — A part.) Bah! elle m'oubliera comme ont fait les autres. Ces pauvres femmes ! ça n'est pas leur faute... mais elles ont si peu de mémoire!... Adieu, Denise. (En s'en allant.) Adieu, ma chère enfant !...

Il sort. — Denise pleure toujours dans son mouchoir.

SCÈNE V

DENISE, puis NARCISSE, puis FÉLICITÉ, puis HERCULE.

DENISE, avec douleur.

Et moi qui l'aimais tant!

Ici le monsieur mystérieux de la première scène reparaît ; il tire de nouveau sa montre.

LE MONSIEUR.

Sept heures trois quarts... Anita ne vient pas !... c'est bien étonnant !

Il s'éloigne.

DENISE.

Un autre, a-t-il dit... un autre !... Oh ! non, c'est impossible ! plutôt mourir... Mourir !... j'avais fait de si beaux rêves... avec lui... Oh ! il verra ! il me regrettera... mais il sera trop tard !

NARCISSE, en toilette éblouissante.

Me revoici ! Oh ! une nouvelle Ariane à consoler !... (S'approchant). Eh quoi ! des pleurs dans vos jolis yeux !

DENISE.

Ah ! laissez-moi tranquille... laissez-moi !

Elle s'enfuit.

NARCISSE.

Peuh ! les femmes qui larmoient ; non... parlez-moi d'une mine éveillée.

FÉLICITÉ, entrant et à part.

Là ! mes bourgeois ont filé !...

NARCISSE, la voyant. — A part.

Ah ! saperlotte, la belle femme !

FÉLICITÉ.

Maintenant, songeons à retrouver mon bon ami.

NARCISSE s'approche d'elle et lui prend la taille.

Vous êtes plantureuse, vous !

FÉLICITÉ, se défendant.

Hein ? A bas les pattes !

HERCULE, entrant.

Un pékin qui cajole ma particulière !

NARCISSE, lutinant Félicité.

Quand je te dis que tu es plantureuse !

HERCULE lui lance un coup de pied.

Tiens !

NARCISSE.

Oh ! un soufflet rétrospectif !... mais rien n'est donc sacré pour... ces gens-là !

HERCULE, offrant le bras à Félicité.

Filons !

Ils s'éloignent.

NARCISSE, les suivant.

Votre carte!... vous m'avez insulté... votre carte!

Il disparaît pour courir après eux. Lisa la Blonde entre, une guitare à la main, et choisit la place où elle va chanter.

SCÈNE VI

LISA LA BLONDE, Promeneurs, puis POLYTE.

PREMIÈRE MARCHANDE.

Tiens! c'est Lisa la Blonde!

DEUXIÈME MARCHANDE.

La petite chanteuse... Bonjour, Lisa!

LISA.

Bonjour, mesdames!...

Lisa chante d'une voix grêle et maladive en raclant sa guitare. On fait cercle autour d'elle.

I

Plaignez, plaignez le sort des jeunes filles!
Un jour, hélas! le luxe les séduit,
Et les voilà qui quittent leurs familles;
Pour un peu d'or leur honneur est détruit!
C'est qu'à Paris il faut d' la toilette,
Un cachemire, un oiseau de paradis...
Voilà comment l'on cesse d'être honnête,⎱ *Bis.*
Voilà, voilà les amours de Paris!   ⎰

(Parlé.) Demandez, messieurs, mesdames, la chanson des *Amours de Paris*, dix centimes! deux sous!

II

La pauvre Hortense adorait son vieux père;
Un séducteur qui la suivait le soir,
Lui dit : « Enfant, ton sort n'est pas prospère,
Moi, je suis riche, il faut venir me voir. »
Hortense alors devint une lorette;
Mais de son père elle obtint le mépris!...
Voilà comment l'on cesse d'être honnête,⎱ *Bis.*
Voilà, voilà les amours de Paris!   ⎰

(Parlé.) Demandez, messieurs, mesdames, dix centimes, deux sous!... La chanson des *Amours de Paris*.

La chanson terminée, elle distribue quelques cahiers à ceux qui l'entourent et se dispose à s'éloigner. La foule se dissipe peu à peu.

DEUXIÈME MARCHANDE.

Eh bien?... la recette?...

LISA.

Oh!... elle n'a pas été bonne aujourd'hui.

Polyte arrive précipitamment, en regardant avec inquiétude, comme un homme poursuivi.

POLYTE.

Ouf!

LISA.

Polyte!

POLYTE.

Ah! c'est toi, la Blonde!

LISA.

Comme te v'là pâle!... qu'est-ce qui t'est arrivé?

POLYTE.

A moi? Rien!... j'ai couru, j'ai chaud, v'là tout!

LISA.

Est-ce qu'on te poursuivait?

POLYTE.

Oui... non... je l'ai cru!

LISA, bas.

Ah! tu as fait quelque mauvais coup!

POLYTE.

Moi!

LISA.

Puisqu'on te poursuivait! un vol peut-être?

POLYTE.

Je te dis que je n'ai rien fait! (A part.) Je n'ai pas pu!

LISA, avec douleur.

Polyte, je t'en prie... je t'en supplie... redeviens un honnête homme!... Toujours dans les transes, toujours trembler pour toi, est-ce une existence, ça?... Tu sais bien que je t'aime malgré tes défauts, malgré tes mauvais penchants... je t'aime de tout mon cœur!

POLYTE, un peu ému.

Ah! devenir honnête!... le courage me manque!

LISA.

Est-ce qu'il me manque, à moi qui suis une femme? L'hiver, je chante tout de même, les pieds dans la neige. Ah! si j'avais appris un état comme toi, je travaillerais du

matin au soir ; mais non. A cinq ans, je n'avais plus ni père
ni mère... J'étais rose et fraîche dans ce temps-là, et ceux
qui m'avaient recueillie, ont voulu tirer profit de ma gentil-
lesse ; on me faisait chanter dans le jour devant les cafés,
ça rapportait pas mal ; alors on m'a fait chanter aussi le soir,
et quelquefois bien avant dans la nuit ; ça m'a fait beaucoup
souffrir dans la poitrine ; aussi bien souvent, quand je rentre
le soir, j'ai là comme un feu qui me brûle, et j'ai beau
pleurer, mes larmes ne l'éteignent pas.

POLYTE.

Ma pauvre Lisa !

LISA.

Pauvre Lisa ! ah ! oui, c'est vrai ; je ne suis pas née
heureuse, mais j'étais née honnête ; je n'étais pas méchante
surtout, j'aurais bien aimé ceux qui m'auraient aimée un
peu, rien qu'un peu... Mais je n'ai trouvé personne.

POLYTE.

Personne ! eh bien... et moi donc ?

LISA.

Toi... oui... ; mais je n'ai pas eu la main heureuse...
Ah ! j'aurais tant désiré vivre bravement avec un bon et
honnête homme qui aurait fait de moi sa femme, et peut-
être bien la mère d'un beau petit enfant... Oh ! mais non,
c'était trop, c'était trop pour Lisa la Blonde, et, puisqu'elle
chante toute la journée, elle peut bien pleurer la nuit, n'est-
ce pas ?

POLYTE.

Ah ! tiens, Lisa, quand je t'entends parler comme tu le
fais là, ça me fait mal... vrai... ça me rend comme fou !...
je voudrais te voir heureuse, je voudrais te voir riche ; et
pour ça... je serais capable de tout.

LISA.

Polyte, souviens-toi bien de ceci : riche par le travail,
soit ; riche par le vol, j'aimerais mieux être morte.

POLYTE.

Tais-toi ! ne me dis plus de ces choses-là, je te dis que tu
me rendrais fou, Lisa.

LISA.

Eh bien, mets-toi à l'ouvrage, sois un bon ouvrier.

POLYTE.

Je le voudrais, je me le promets souvent... mais la misère
donne de mauvais conseils.

LISA.

Faut pas les écouter.

POLYTE.

Est-ce qu'on peut... quand on est sans le sou... comme
moi... pour le quart d'heure !

LISA, vivement.

Tu n'as pas d'argent?... Oh! pourvu qu'il ne te vienne
pas de mauvaises idées!.. Eh bien, tiens, prends... voilà ce
que j'ai gagné dans la journée.

POLYTE, avec énergie.

Oh! non... non... Accepter ton pauvre argent, à toi, à toi
qu'a tant de mal à le gagner?... Non, vois-tu, la Blonde .. ça
serait mal! je n' veux pas.

LISA.

Je te le prête... voilà tout! (Voyant qu'il hésite.) Je ne suis
donc pas ton amie?

POLYTE.

Si fait... mais...

LISA.

Faut l'accepter, Polyte... parce que... je te connais, tu
tiendras à me le rendre, et ça t'encouragera à travailler...
Allons... allons donc!...

POLYTE.

Non!

LISA, le lui glissant dans la poche. Polyte veut s'en défendre.

Si tu me refuses, je croirai que tu ne m'aimes plus.

POLYTE, après un instant d'hésitation.

Eh bien, soit! mais je te le rendrai !

LISA.

Sur ton travail?

POLYTE.

Sur... sur mon travail... Au revoir, et merci, la Blonde!

LISA.

Au revoir, Polyte, au revoir!

Ils se séparent et sortent.

LE MONSIEUR MYSTÉRIEUX, entrant et tirant sa montre.

Huit heures cinq... c'est bien étonnant !

Il sort. Narcisse reparaît.

SCÈNE VII

NARCISSE, Marchandes; de temps en temps, QUELQUES
PASSANTS, puis SYDONIE.

NARCISSE, rentrant un papier à la main.

J'ai son adresse : « Hercule Corniquet, sapeur, à Cour-
bevoie. » Demain, nous nous battrons à la hache! (Apercevant
Sydonie, qui revient son petit panier au bras.) Oh! ma grisette!

SYDONIE, à part.

Tiens! l'imbécile de tantôt!

NARCISSE, à part.

Je crois qu'elle m'a reconnu. (Il la salue et lui fait de l'œil.
Sydonie baisse les yeux.) Ange du ciel, ne vous envolez pas!

SYDONIE, avec pudeur.

Jeune homme, pas de gestes!...

NARCISSE, à part.

C'est une colombe! (s'approchant.) Oh! mademoiselle!...

SYDONIE, minaudant.

Monsieur... mais vous vous trompez sans doute!... je ne
vous connais pas!...

NARCISSE, se dandinant, d'un air fin.

On peut faire connaissance!... Voulez-vous prendre quelque chose?... Une groseille?... quelque chose de chaud?...
un bock?...

SYDONIE.

Par exemple!

NARCISSE.

Vous aimez les fleurs... Si vous vouliez me permettre de
vous envoyer quelques arbustes...

SYDONIE.

Chez moi! vous donner mon adresse! Ah! monsieur, pour
qui me prenez-vous?

NARCISSE, à part.

Cette enfant a du cœur! (Haut.) Je ne suis pas le premier
venu, mademoiselle. Je m'appelle Narcisse Malicorne, de
Rennes, et j'ai six cent mille francs à moi.

SYDONIE.

Eussiez-vous trois mille livres de rente, monsieur, ça ne
me tenterait pas davantage. Je suis une jeune fille qui
travaille.

NARCISSE, à part.

O Béranger ! j'ai trouvé ma vierge aux échaudés. (Haut.)
Comment ! vous travaillez avec ces belles petites pattes-là ?

SYDONIE.

Je fais dans les faux cols.

NARCISSE.

Dans les faux cols ?

SYDONIE.

Maintenant, si vous avez besoin de faux cols, je me
nomme Sydonie Papillon, 24, rue Saint-André-des-Arts, au
quatrième, la porte à gauche ; il y a écrit dessus : « Attendez-
moi, je suis chez la crémière. »

NARCISSE, avec enthousiasme.

C'est un ange ! (A Sydonie.) Oui, certes, j'ai besoin de faux
cols !... faites m'en cent vingt douzaines comme entrée
de jeu.

SYDONIE.

Cent vingt douzaines ? C'est bien, monsieur ; dès demain
vous pourrez venir... les essayer.

NARCISSE.

Je n'y manquerai pas.

SYDONIE.

Sydonie Papillon.

NARCISSE.

Rue Saint-André-des-Arts !

SYDONIE.

Numéro ?

NARCISSE.

24 !

SYDONIE.

Au ?

NARCISSE.

Quatrième !

SYDONIE.

La porte ?

NARCISSE.

A gauche ! Si vous êtes chez la crémière, j'attendrai !

SYDONIE.

A demain, monsieur !

Elle sort.

NARCISSE, joyeux et gambadant.

Quelle chance! quelle aubaine!... j'ai trouvé le merle blanc de mes rêves! la grisette de l'âge d'or! l'ouvrière au cœur content, content de... (Changeant de ton.) Sapristi!... j'ai des tiraillements d'estomac... si j'allais prendre un verre de madère... et deux brioches! (Il fait quelques pas pour sortir et s'arrête en entendant une grande rumeur.) Tiens!... Qu'est-ce que c'est que ça? Une dispute, une bagarre?...

SCÈNE VIII

MARCHANDES, NARCISSE, MADELEINE TOUQUET, PASSANTS, GAMINS.

Madeleine, jeune et forte Normande, en grand bonnet, en bas bleus, arrive dans sa carriole, qu'elle conduit elle-même. La foule des badauds et des gamins la poursuit de ses rires.

MADELEINE.

Eh ben!... avez-vous fini d' m'agonir, vous autres?... Qu'est-ce qu'ils ont donc, ces imbéciles ed' Parisiens?... Est-ce qu'ils n'ont jamais vu ed' Normandes?... Ah çà! voyons, allez-vous bétôt vous gàrais, ou j' cogne avec mon fouet!

LES GAMINS et LES GENS DU PEUPLE, criant.

Ohé! la paysanne!... Oh! c' bonnet!

MADELEINE.

Quoi qu'il a mon bonnet?.. Est-ce qu'y doit quèqu' chose a personne?... (Nouveaux rires.) Ah! c'est comme ça... vous n' voulez point me faire passage?... Allais! marchais! j'vas m'en faire un à la force du poignet.

Elle saute à bas de la carriole, le fouet levé, la foule s'écarte.

NARCISSE, riant.

Ah! ah! quelle gaillarde!

MADELEINE.

Quèqu' t'as à rire, toi, sapajou?

NARCISSE, vexé.

Sapajou!... Permettez, brave femme!...

MADELEINE.

Eh ben, après?... quand tu me r'garderas et m' dévisageras. As-tu bétôt fini, porichinelle?

NARCISSE.

Polichinelle! Paysanne, vous n'êtes point une femme du monde.

Il sort.

MADELEINE, menaçante.

Une femme du monde! quèqu'y veut dire?... Je suis Madeleine Touquet!

Une dame, Louise Rennepont, accompagnée d'une jeune personne, Marthe, qui depuis un moment achetait des fleurs à un étalage, se retourne vivement à ce nom.

LOUISE.

Madeleine Touquet!

MADELEINE, continuant.

Fermière à Pont-l'Évêque, quoi!

LOUISE, venant à elle.

Madeleine!

MARTHE.

C'est toi!

MADELEINE, très-surprise.

Mame la comtesse!... et mamselle Marthe!

SCÈNE IX

Les Mêmes, LOUISE, MARTHE, MADELEINE, MARCHANDES, puis DENISE, à la fin.

LOUISE, à un valet de pied qui l'accompagne.

Jean, faites porter les fleurs dans la calèche, et attendez-nous.

MADELEINE, à un petit paysan qui est dans la carriole.

Et toi, petit Pierre, prends mon fouet et conduis la carriole chez le père Durand, le grainetier du coin... je t'y rejoindrai, mon gars. (Petit Pierre fouette le cheval et la carriole disparaît. Le jour baisse peu à peu. Madeleine revenant à Louise et à Marthe.) Comment! comment! vous v'là, mes chères dames du bon Dieu! Eh bé, si j' m'attendions à vous rencontrais par ici...

LOUISE.

Nous sommes venues après dîner faire quelques emplettes!... mais, toi, qui t'amène à Paris?

MADELEINE.

J' venons d'abord pour toucher un' bonne somme sur la route de Vanves, et puis j'sommes venue pour voir ma cousine.

LOUISE.

Ta cousine?

MADELEINE.

Vous ne la connaissez point, pas vrai? ni moi itou! J' vas vous dire : j'avions une tante, une sœur à ma pauv' défunte mère, qu'avait quitté l' pays étant jeune; elle avait mieux aimé faire de la couture à Paris que d'gauler des pommes en Normandie, et j' nons plus jamais entendu parler d'elle. Mais v'là qu'un jour j'apprîmes qu'elle était défunte aussi depuis longtemps et qu'elle avait laissé un' fille, un' jeunesse qu'a ben vingt-deux ans à c't' heure, et qui se nommont Denise. C'est pour la voir que j' sommes ici, mais je ne serions point repartie sans vous aller embrasser d' bonne amitié, da !

LOUISE.

A la bonne heure !

MARTHE.

Cette chère Madeleine!... j'espère bien que cette rencontre ne t'empêchera pas de venir nous voir?

MADELEINE.

Dès demain, si vous le permettez et si ça ne vous gêne point.

LOUISE.

Tu nous feras grand plaisir, Madeleine.

MADELEINE.

Ah! j' pensons bé souvent à vous, allez! au temps que vous habitiez en Normandie, au château d'Hauterive, avec votre premier mari.

MARTHE.

Pauvre père !

MADELEINE.

A c't' heure, vous v'là remariée à un autre, à un monsieur...

LOUISE.

M. Rennepont, capitaine au long cours.

MADELEINE.

Un gros millionnaire à ce qu'on dit... C'est-y un bel homme ?

LOUISE.

Madeleine !...

MADELEINE.

Oh! faites excuse, mame la comtesse!... qu'il soye bon pour vous, v'là tout ce qu'y faut!... pour vous, et pour mamselle Marthe, bien entendu... M'est avis qu'y doit avoir pour ce beau p'tit ange-là un' fameuse tendresse!

MARTHE.

De la tendresse... pour moi... lui?... Oh ! non! dis plutôt
de la...

LOUISE, vivement.

Marthe! (A part.) Gardons pour nous le secret de cette douleur. (Haut et affectant la gaieté.) Et... dis-moi, ma bonne
Madeleine, tout le monde se porte bien là-bas ?

MADELEINE.

Vous êtes ben honnête! bêtes et gens, Dieu merci, tout ça
se porte que c'est un charme! (A Marthe.) Mais que j'sommes
donc aise ed' vous voir!... savez-vous ben, mamselle
Marthe, que vous êtes *core* embellie d'puis mon dernier
voyage.

MARTHE, souriant.

Tu trouves ?

MADELEINE.

Un peu pâlotte, mais une demoiselle de la ville, ça n'est
pas tenu d'être rougeaude comme une pomme!... Et dire
que je vous ons vue pas plus haute que ça, et qu'à c't'heure
vous v'là bonne à marier! (Gaiement.) Eh ben, voyons, c'est-y
pour bétôt?... ce prétendu que vous deviez épouser?...

MARTHE, devenue triste.

Je ne le connais pas encore; mais mon père, avant de
mourir, a disposé de ma main, et je dois me soumettre à ses
volontés !

LOUISE, comme pour détourner la conversation.

Et toi, Madeleine, est-ce que tu ne songes pas à prendre
un mari?

MADELEINE.

Un mari!... pourquoi faire ?... J'ons ben assez d' besogne
sans ça ! Vous savez ben qu'y m'a fallu élever mes frères et
sœurs, envoyer les uns aux champs, les autres à l'école,
avoir l'œil à la ferme... Et la semaille, la marmaille, la
volaille, tout ça n' m'a point laissé le temps de penser aux
amoureux. L' mariage et l'amour, je ne connaîtrons jamais
ces choses-là; ça fait perdre trop de temps! c'est des bêtises,
quoi !... J' coifferons sainte Catherine. C' n'est point que je
manquions d'amoureux, da ! mais je leurs y ris bravement
au nez, et, quand y font mine de se désoler ben fort, j' leurs
y conseille d'aller s' pendre un brin ; y a de la place pour ça
sur les pommiers d' cheux nous !

Pendant les derniers mots de Madeleine, Denise, pâle et agitée par la fièvre,
est entrée.

DENISE, à part.

Je n'ai pas eu le courage de revoir cette chambre où il me jurait de m'aimer toujours !

MARTHE.

Et... aucun de tes amoureux ne s'est pendu ?

MADELEINE.

Pus souvent !

DENISE , à part.

C'est ici que je l'ai vu pour la dernière fois... Eh bien... c'est ici que je veux mourir !

MADELEINE.

Est-ce qu'on se tue jamais par amour ?

DENISE, à part.

Bah ! une grisette qui se noie, le beau malheur !... Allons !...

Elle s'approche du parapet et regarde dans la rivière.

MADELEINE, la voyant et la désignant à Louise et à Marthe.

Tiens !... c'te jeunesse... quoi qu'elle fait donc là ?...

LOUISE.

Ah ! mon Dieu !... mais on dirait qu'elle va...

Denise est montée sur le parapet, les trois femmes font un mouvement pour courir à elle.

DENISE.

Adieu ! adieu !

MARTHE et MADELEINE, criant.

Arrêtez !...

Denise se précipite dans la rivière.

LES TROIS FEMMES, poussant un cri d'effroi.

Ah !

MARTHE.

La malheureuse !

MADELEINE, criant.

Au secours ! au secours !

Quelques passants accourent aux cris. Narcisse reparaît.

SCÈNE X

Les Mêmes, NARCISSE, Passants, puis HENRY.

NARCISSE, s'approchant vivement.

Eh bien, quoi donc ? qu'y a-t-il encore ?

LOUISE.

Un suicide!

MARTHE.

Une jeune fille qui se noie!

TOUS.

Une jeune fille !

MADELEINE.

Cinq cents francs... mille francs à celui qui se jettera à l'eau pour la sauver ! (Voyant l'hésitation de la foule.) Comment! personne ne bouge? (A Narcisse.) Mais jetez-vous donc, vous!... vous ne savez donc pas nager?

NARCISSE.

Je fais la planche... Mais je viens d'avaler trois brioches !

HENRY, perçant la foule.

Une femme qui se noie, dites-vous?... Place ! place !

Il retire son habit.

MADELEINE.

Ah! c'est bien, mon gars !... mille francs pour toi, si tu la sauves!

HENRY.

Merci, ma bonne femme!... je la sauverai pour rien!

Il fait un signe de croix et se précipite.

MARTHE.

Ah! le digne cœur!

NARCISSE.

Parbleu! nous sommes tous comme ça, nous autres Bretons!... Ah! si je n'avais pas mangé de la pâtisserie !...

MADELEINE, penchée au-dessus du parapet et regardant.

Le voilà !... oui! oui!... il la tient!... Courage, mon gars! courage!... il approche de la berge!... le voilà !... il la confie à des mariniers!... Elle est sauvée !

Mouvement de joie parmi la foule. Bientôt Henry paraît.

NARCISSE, d'un air triomphant.

Sauvée!

TOUS.

Sauvée!

HENRY.

Oui, elle est sauvée! elle respire... elle...

Il chancelle.

MADELEINE.

Qu'a-t-il donc ?

HENRY.

Rien... la fatigue... le saisissement... Je...

Il s'évanouit.

NARCISSE.

Sapristi!... il se trouve mal!... le malheureux, il aura mangé des brioches!

MARTHE et LOUISE.

Ah! mon Dieu!

Louise lui fait respirer un flacon.

MADELEINE.

Le v'là qui rouvre les yeux!... ah! il va mieux!... Ah! eh ben, et c'te pauvre jeune fille là-bas ?

Elle court au fond vers la rivière. — Henry, pendant ces derniers mots, est revenu à lui; il voit Marthe penchée sur lui.

HENRY, avec une émotion profonde.

Ah! le portrait!... le portrait!

MARTHE, à part.

Qu'a-t-il donc?... Comme il me regarde!

LOUISE.

Allons, Marthe, il faut rentrer à l'hôtel!

MARTHE.

Je te suis, mère, je te suis! (Elle s'éloigne avec Louise, le regard tourné vers Henry.) Oh! oui, c'est un noble cœur!...

HENRY, la suivant des yeux.

Oui, c'est bien elle!... fiancée à un autre!... quel malheur!

Vers la fin de cette scène, la nuit est tout à fait venue. Le gaz s'est allumé. Le monsieur mystérieux reparaît.

LE MONSIEUR MYSTÉRIEUX, tirant sa montre.

Neuf heures et quart!... c'est bien étonnant !

ACTE DEUXIÈME

DEUXIÈME TABLEAU

Chez M. Rennepont, un salon très-élégant.

———

SCÈNE PREMIÈRE

Au lever du rideau, LOUISE est seule, GÉRARD, paraît au fond et vient à elle.

GÉRARD, à part.

Louise !... Ah ! pauvre sœur !...

LOUISE.

Gérard !... tu étais là ?

Elle lui tend la main.

GÉRARD.

Sais-tu que voilà des siècles que je ne t'ai vue.

LOUISE.

A qui la faute, ingrat?... Et cependant, où seras-tu mieux aimé qu'ici ?

GÉRARD.

Tu as raison, va ; aussi je ne cherche pas. (Il lui prend les deux mains qu'il embrasse tendrement avec une solennité comique.) Il n'y a que la famille ! Et voilà pourquoi vous allez dire à votre grand frère le secret de votre tristesse.

LOUISE.

Ce secret, ne le sais-tu pas?... Ah! ma fortune, je la donnerais à l'instant pour voir les deux êtres qni me sont chers, se sourire, s'aimer... pour voir finir cette haine, car c'est de la haine que mon mari éprouve pour Marthe, pour ma fille bien-aimée. Oh! Gérard, depuis deux ans, je ne vis pas... mais pourquoi cette haine?... que lui a-t-elle donc fait, mon Dieu?...

GÉRARD.

Marthe n'est-elle pas la fille du comte d'Hauterive, ton

premier mari?... Marthe ne rappelle-t-elle pas à **M.** Rennepont que tu as appartenu à un autre ?... C'est une jalousie ridicule, soit ! mais cette jalousie du passé existe, ma pauvre enfant; oui, nous sommes jaloux, nous autres hommes, de cette part de tendresse que nous a dérobée celui qui est venu avant nous; on a dit que l'amour est une religion, c'est aussi un égoïsme. Le cœur humain est comme cela, ma pauvre sœur, et ce n'est ni toi ni moi qui le change-rons, va !

LOUISE.

Que faire?

GÉRARD.

La situation va se dénouer d'elle-même. M. de Faverolles est à Paris; ma jolie nièce, après son mariage, s'envole du nid maternel, et Rennepont oublie sa haine tout naturelle-ment, en cessant de voir celle qui en est l'objet.

LOUISE.

N'espérer le calme que de la séparation de la mère et de la fille!... pour voir sourire mon mari, être obligée de pleurer mon enfant! Oh! Gérard! Gérard!

SCÈNE II

LES MÊMES, RENNEPONT.

LOUISE, voyant entrer Rennepont.

C'est lui!

Elle essuie vivement ses larmes.

RENNEPONT, tendant la main à Gérard.

Bonjour, mon cher Gérard... (Louise détourne les yeux. Il va vi-vement à elle.) Tu as pleuré ?... Qu'a-t-elle donc, Gérard ?... Louise, ton bonheur m'appartient, c'est mon trésor, et plus précieux que tous les autres... Parle, que veux-tu? qu'exi-ges-tu de moi?

LOUISE.

Je n'ai rien, mon ami ; je ne... désire rien... je vous assure.

RENNEPONT.

Pourquoi ces larmes, alors?... Louise, je t'en supplie, réponds...

LOUISE.

Vous êtes bon, Georges... Eh bien, cette tendresse que vous me témoignez, cette tendresse qui me rend si fière et si heureuse, partagez-la, et je ne serai pas jalouse... donnez une part de votre cœur à...

RENNEPONT, devenant peu à peu glacial.

Achevez donc, ma chère!...

LOUISE, s'armant de courage.

A ma fille!

RENNEPONT.

Encore!... Mais où avez-vous pris que je détestais made-moiselle d'Hauterive?... De la haine, moi!... pourquoi en aurais-je?... ne suis-je pas plein d'égards, d'attentions pour ma belle-fille.. et ce reproche de froideur, ne peut-on le lui adresser plus justement qu'à moi?... Ma chère Louise, vous revenez souvent, trop souvent sur ce sujet... A l'avenir, évi-tez, je vous en prie, de me reprocher un grief... qui n'existe que dans votre imagination.

LOUISE.

Je m'efforcerai de vous obéir, mon ami... (Voyant entrer sa fille.) Marthe!

SCÈNE III

Les Mêmes, MARTHE.

MARTHE.

Bonjour, mère!

LOUISE.

Ma chérie! (Elle l'embrasse. Bas.) Eh bien, tu ne dis rien à ton père?

MARTHE, s'approchant de Rennepont.

Mon père!... (Rennepont incline légèrement la tête, et continue de parcourir ses papiers. A part.) Mais qu'ai-je donc fait pour mériter cette haine?...

LOUISE, bas, à son frère.

Tu vo's, Gérard?

GÉRARD, bas.

Du courage!

MARTHE, affectant une grande gaieté qui, malgré elle, ressemble à une fièvre.

Ah! monsieur mon oncle!... on vous voit!... (Riant.) Je te croyais parti pour l'Amérique!

GÉRARD, l'embrassant.

Partir!... quand on possède une aussi jolie nièce... Et d'abord, pourquoi serais-je parti?... Tu es riche, tu n'as pas besoin d'un oncle... retour d'Amérique, je suppose.

2.

MARTHE.

Autrefois, tu venais tous les jours... Je te faisais de la musique... Ah! j'ai reçu une jolie valse... c'est d'un Allemand... il n'y a que les Allemands pour les valses...

JEAN, entrant.

M. de Faverolles!

MARTHE.

Lui!

RENNEPONT, à Jean.

Faites entrer M. de Faverolles.

GÉRARD.

Mon futur neveu?... Ah! parbleu! je ne suis pas fâché de le connaître!

SCÈNE IV

Les Mêmes, FAVEROLLES.

FAVEROLLES, après avoir salué, à Louise.

Excusez, madame, une émotion bien naturelle... Je suis un inconnu, un étranger... Permettez-moi d'invoquer l'amitié qui unissait si étroitement le baron de Faverolles, mon père, et le comte d'Hauterive, et de me placer sous la protection de cette amitié.

GÉRARD, à part.

Oh! oh! voilà une phrase bien alambiquée!

FAVEROLLES.

C'est à elle, à cette amitié sainte que je dois un bonheur dont je m'efforcerai de me rendre digne.

GÉRARD.

Fin de la tirade! il a appris tout cela par cœur!

LOUISE, présentant les personnages.

M. Rennepont, mon mari... M. Gérard, mon frère, et ma fille.

FAVEROLLES.

Je dois à M. d'Hauterive une précieuse faveur, le portrait de celle qu'il a bien voulu faire ma fiancée... Depuis deux ans, mademoiselle, je savais combien vous étiez belle; les malheureux disent partout combien vous êtes bonne!

GÉRARD, à part.

Allons, bon! il fait du madrigal à présent. Je n'en suis pas fou de mon neveu!

MARTHE.

Monsieur de Faverolles, votre père a sauvé la vie au
comte d'Hauterive, et mon père, en mourant, a pensé que je
pourrais acquitter sa dette. J'obéirai à sa volonté dernière.
Monsieur de Faverolles, je serai votre femme.

FAVEROLLES.

Je vous remercie de cette parole, mademoiselle; mais ce
n'est pas à cette volonté seule que je voudrais vous devoir..
Je désire obtenir aussi l'agrément de M. Rennepont.

RENNEPONT, qui, pendant toute la scène, a gardé une attitude glaciale.

Je n'ai pas le droit de le refuser. M. le comte d'Hauterive
a disposé ainsi qu'il lui convenait de la main de sa fille, et,
puisque vous voulez bien me consulter, je suis prêt à causer
avec vous de ce mariage, mais c'est comme tuteur de
mademoiselle d'Hauterive seulement.

FAVEROLLES, s'inclinant.

Je suis à vos ordres, monsieur.

LOUISE.

Alors, laissons causer ces messieurs!... Viens, Marthe!

MARTHE.

Oui, mère!

FAVEROLLES, saluant.

Mesdames!...

MARTHE et LOUISE, saluant.

Monsieur!...

GÉRARD, appuyant.

Monsieur!... (A part.) Décidément, j'ai bien peur que mon
neveu et moi, nous ne soyons jamais cousins!

Il sortent tous les trois par la gauche.

SCÈNE V

RENNEPONT, FAVEROLLES, puis JEAN.

Dès que les femmes sont sorties, un grand changement se fait dans
Rennepont; sa physionomie semble s'éclairer.

RENNEPONT.

Ainsi, monsieur de Faverolles, voilà qui est bien décidé,
vous voulez vous marier?

FAVEROLLES.

Est-ce que cela vous étonne, monsieur?

RENNEPONT.

Vous marier! vous, l'homme de plaisir, le sportman endiablé, heureux dans ses paris comme dans ses amours, à la Marche comme dans les boudoirs de ces dames...

FAVEROLLES.

Pardon, monsieur, mais je suis tout surpris...

RENNEPONT, riant.

De voir que je vous connaisse aussi bien? Ah! c'est que j'avais de très-graves motifs pour prendre sur votre compte de minutieuses informations, et vous voyez en moi un homme qui vous sait tout entier par cœur.

FAVEROLLES, troublé.

Tout entier?... ·

RENNEPONT.

Tout entier! cela vous effraye un peu, n'est-ce pas? Ah! ce n'est peut-être pas sans raison... Il y a dans la jeunesse moderne de Paris d'étranges conventions d'habitude, de langage et de mœurs auxquelles nous ne sommes pas initiés et que nous apprécions fort mal, nous autres marins... ensorte que nous avons pour quelques vices... aimables, pour quelques pauvres petits compromis de conscience, d'inflexibles sévérités, et c'est là ce qui me donne à penser qu'avec vos goûts de plaisir, avec vos habitudes de galanterie charmante, ce qu'il vous eût fallu, c'est une femme d'une indulgence, d'une douceur, d'une résignation que mademoiselle d'Hauterive ne possède peut-être pas tout à fait.

FAVEROLLES.

Ah! vous croyez que mademoiselle Marthe se montrera exigeante et sévère?

RENNEPONT.

Je le crains... Vous pardonnez à ma franchise?...

FAVEROLLES.

De tout cœur; je vous demanderai même la permission de l'imiter.

RENNEPONT.

Faites donc, je vous en prie...

FAVEROLLES.

Eh bien... monsieur Rennepont, je ne vous connais que depuis peu d'instants, mais je suis grand observateur... Je vous dirai que nos idées sur votre belle-fille diffèrent nécessairement du tout au tout, et que nous ne saurions la voir avec les mêmes yeux, parce que...

RENNEPONT.

Parce que?

FAVEROLLES.

Parce que j'adore déjà mademoiselle Marthe, et...

RENNEPONT.

Et?...

FAVEROLLES.

Et vous la haïssez un peu !

RENNEPONT, après un mouvement.

Revenons à nos comptes de tutelle... à la fortune de mademoiselle d'Hauterive... (Il la regarde en face.) Sa fortune, vous n'y tenez que médiocrement, n'est-ce pas ?

FAVEROLLES, même jeu.

Je n'y tiens pas du tout.

RENNEPONT, avec ironie.

Oui, vous épousez... par amour !

FAVEROLLES, même jeu.

Par amour seulement.

RENNEPONT, changeant de ton.

Eh bien... que dira de ce mariage mademoiselle Ernesta?

FAVEROLLES, atterré.

Ernesta !

RENNEPONT.

Oui, cette belle Hongroise que vous avez suivie à Londres, et qui, le même jour que vous, revenait à Paris !...

FAVEROLLES.

Mais comment avez-vous pu savoir ?...

RENNEPONT.

Je vous ai dit que j'avais pénétré les secrets les plus intimes de votre vie.

FAVEROLLES.

Eh bien, monsieur, Ernesta m'avait renvoyé mes lettres, elle refusait de me recevoir, et j'ai renoncé entièrement à elle.

RENNEPONT.

Bah ! si, apprenant votre prochain mariage, elle se montrait moins sévère, vous refuseriez... inflexiblement de la revoir?

FAVEROLLES.

Oui, certes!...

RENNEPONT, riant.

Vous en feriez le serment ?

FAVEROLLES.

Mais sans doute.

RENNEPONT, même jeu.

Faites-le donc !

FAVEROLLES.

Mais !...

RENNEPONT.

Eh bien ?

FAVEROLLES.

Eh bien...

RENNEPONT.

Eh bien, vous ne le faites pas !

FAVEROLLES.

Ah ! pour un beau-père qui n'a pas une vive tendresse pour sa belle-fille, je trouve que vous défendez bien rigoureusement ses intérêts.

RENNEPONT, devenu sérieux.

C'est que je sais tout le mal que vous feriez à la mère, toute la douleur que ressentirait ma femme si sa fille était malheureuse.

FAVEROLLES.

Soit ! Je fais le serment que vous me demandez. (Avec une gravité feinte.) Nul ne rencontrera dans le boudoir d'une courtisane...

RENNEPONT.

D'Ernesta...

FAVEROLLES.

D'Ernesta... le fiancé de mademoiselle d'Hauterive.

RENNEPONT, à part.

Nous verrons ! (A Jean, qui paraît au fond.) Qu'est-ce que c'est ?

JEAN.

Il y a là une paysanne qui insiste pour parler à Madame...

RENNEPONT.

Une paysanne ?

JEAN.

Madeleine Touquet.

RENNEPONT.

Madeleine Touquet?

JEAN.

Ça doit être une fermière de la famille.

RENNEPONT.

Ah ! oui, j'ai entendu prononcer ce nom... Eh bien, pré-
venez ces dames ! (Jean entre à droite.) Monsieur de Faverolles, passons chez moi. Je désire vous communiquer ces
comptes... Grâce à Dieu, dans quelques jours, ma tâche
de tuteur sera terminée, et ce n'est plus de moi que dépen-
dra le bonheur de mademoiselle d'Hauterive.

FAVEROLLES, s'inclinant, à part.

Comment diable mon cher beau-père peut-il être si bien
instruit ?

RENNEPONT, à part.

Il a juré... Tiendra-t-il son serment?...Je le saurai! (Haut.)
Monsieur, je suis à vous !

Ils entrent à gauche. — Au même instant, Jean sort de l'appartement de
Louise et remonte au fond.

SCÈNE VI

JEAN, MADELEINE.

JEAN, à Madeleine.

Vous pouvez entrer... Ces dames vont venir dans un
instant.

MADELEINE.

C'est bon, mon gars ! Je pouvons ben attendre.

Elle se jette dans un fauteuil.

JEAN, à part.

Tiens!. . Eh bien, elle n'est pas gênée !

MADELEINE, regardant autour d'elle.

C'est beau tout d'même ici... Dis donc, toi, y a-t-il
longtemps qu' t'es domestique dans c'te maison ?

JEAN.

Moi ?... Mais oui !...

MADELEINE.

Eh bien !... ce M. Rennepont, quel homme que c'est ?

JEAN.

Quel homme ?...

MADELEINE.

Oui ; est-y grand ? est-y petit ? est-y laid ? est-y beau ?

JEAN.

Mais...

MADELEINE.

Réponds donc !... A-t-y l'air d'un imbécile, ce gars-là !... Tiens, v'là quarante sous, tu vas aller boire une bouteille à ma santé.

JEAN, offusqué.

Quarante sous !

MADELEINE.

Prends donc, bêta !... et va te rafraîchir chez le marchand de vin... Eh ! va donc ! va donc !

JEAN, à part.

Ah ! cette femme est commune !

Il sort à l'entrée de Louise.

SCÈNE VII

MADELEINE, LOUISE, MARTHE, GÉRARD.

LOUISE.

Ma bonne Madeleine !

MARTHE.

A la bonne heure ! tu tiens ta promesse !

MADELEINE.

J' n'avions garde d'y manquer !

GÉRARD.

Bonjour, mademoiselle Touquet !

MADELEINE.

Tiens, M. Gérard !... Ah ! j' sommes bien aise de vous voir !

LOUISE.

Et cette jeune fille ?

MADELEINE.

Encore un peu de fièvre, mais le danger est passé, qu'a dit le médecin... C'est égal, sans ce brave jeune homme, c'était ben fini pour elle !

MARTHE.

Avec quel courage il l'a secourue !

GÉRARD, qui feuillette un album.

Ah çà ! de quel brave jeune homme est-il question ?... de quelle jeune fille ?...

MARTHE.

Oh ! si tu savais, mon oncle !... une pauvre enfant qui
s'est jetée à l'eau...

GÉRARD.

Vraiment !

MARTHE.

Et sans un secours inespéré... elle était perdue.

GÉRARD.

Ah ! la malheureuse !

MADELEINE.

Oui, elle s'périssait, et si vous saviez pour qui !

GÉRARD.

Quelque mauvais sujet qui ne méritait pas un pareil
amour ?

MADELEINE.

Juste !... un chenapan, un drôle, un... (elle le regarde)
gredin, un...

GÉRARD.

Il n'y a que ceux-là pour être adorés des femmes.

MADELEINE.

Et dire qu'on n' punissont point d' pareils scélérats !

GÉRARD.

Vous avez raison, Madeleine Touquet ! il devrait y avoir
une loi pour protéger les filles abandonnées !

MADELEINE.

Et pourquoi pas, donc ?... On en a ben fait une pour protéger les animaux !

GÉRARD.

Oh ! alors, si on protége tout le monde !

MADELEINE, à part.

Attends voir un brin, toi, attends voir !

MARTHE.

Mère, cette pauvre fille a peut-être besoin d'argent... ou
tout au moins d'être consolée.

LOUISE.

Tu as raison !... Je vais faire atteler, nous irons ensemble
chez elle, mon enfant.

MARTHE.

Que tu es bonne !

MADELEINE, émue.

L'argent n'y manquera pas, mais l' travail, les consolations, c'est de ça qu'elle a besoin... Je me doutions ben que vous iriez... et la preuve, c'est que j'ons apporté l'adresse.

Elle donne un papier à Louise.

MARTHE.

Viens vite finir notre toilette !

MADELEINE.

C'est ça ! faut pas faire attendre ceux qui souffrent. Moi, j'vas causer avec M. Gérard... J'ons une bonne somme à placer, il va me bailler un bout d'conseil pour ça !

GÉRARD.

Mais, mademoiselle Touquet, je ne m'occupe guère de mes affaires de banque !

MADELEINE.

Eh ben, vot' conseil n'en sera que meilleur.

MARTHE.

Viens vite, mère !

Elle sort avec Louise.

SCÈNE VIII

GÉRARD, MADELEINE.

MADELEINE, à part.

A c' t' heure, à nous deux, bel enjoleux !

GÉRARD, se jetant sur le canapé.

Voyons, mademoiselle Touquet, nous disons donc que vous voulez placer...? (Madeleine prend une chaise et vient s'asseoir près de Gérard, qui la regarde faire, et lui dit quand elle est assise.) Donnez-vous donc la peine de vous asseoir.

MADELEINE.

J'voulons placer tout c' que j'ons là sur le cœur, monsieur Gérard, et je dis qu'y en a gros !

GÉRARD.

Plaît-il ?

MADELEINE.

J' voulons vous dire vot' fait, quoi !

GÉRARD.

A moi !

MADELEINE.

Oui, à vous ! Hier, monsieur Gérard, quand j'ons rencontré vot' sœur et vot' nièce, j'étions venue à Paris pour voir une

parente, une cousine, comme une sœur à moi, quoi! Et savez-vous comment j' l'ons retrouvée?... Presque morte! on
v'nait de la retirer de la rivière!

GÉRARD.

Quoi!... la malheureuse enfant dont vous parliez tout à
l'heure...

MADELEINE.

C'étiont elle!... Et c' t' homme sans honneur et sans âme,
c' mauvais cœur qu'a abandonné une malheureuse enfant et
l'a poussée à se tuer, c'est André Gérard qu'y s'appelle, mon
bon monsieur.

GÉRARD, se levant brusquement.

Moi!... Comment!... cette jeune fille qui a voulu se noyer...?

MADELEINE.

C'te jeune fille, c'est Denise.

GÉRARD.

Denise!... se tuer! Oh! c'est horrible!... c'est... Mais elle
est sauvée, elle est hors de danger, n'est-ce pas? vous me
l'avez dit...

MADELEINE.

J' vous l'ons dit, et c'est vrai!

GÉRARD.

Ah! je respire!... Denise!... Mais qui aurait jamais pu
croire que par amour pour moi...?

MADELEINE.

C'est vrai qu'à vous regarder ça ne se comprend guère?...

GÉRARD.

La pauvre enfant!

MADELEINE.

Enfin, c'était son idée de vous adorer... mais ça ne serait
pas la mienne... Tant y a que, se voyant abandonnée, elle a
voulu mourir.

GÉRARD, avec une agitation comique.

Mais c'est affreux d'être aimé comme cela!... c'est du
despotisme! de la tyrannie!

MADELEINE.

Qué que vous voulez! vous êtes un si bel homme!

GÉRARD.

Madeleine!...

MADELEINE.

Et avec ça tant d'sincérité, tant de délicatesse dans le
cœur!

GÉRARD.

Madeleine !

MADELEINE.

Pas moyen de vous résister, quoi ! Et, comme un beau jour les promesses, les serments, tout est tombé dans l'eau, c'est au fond de la rivière que la pauvre abandonnée s'en va retrouver tout ça !

GÉRARD.

Oui, oui, j'aurais dû m'en douter !... Oh ! les grisettes, les blanchisseuses, les brodeuses !... Le charbon, la rivière... la rivière, le charbon, elles ne sortent pas de là.

MADELEINE.

Quand ça serait si simple de se dire : « Bah ! pourquoi donc que j' verserions des larmes ? »

GÉRARD.

Mais... certainement !

MADELEINE.

« J' serions ben folle d' vouloir mourir pour un homme...

GÉRARD.

Certainement !

MADELEINE.

« Pour un sans cœur ! »

GÉRARD.

Certaine... Hein ?...

MADELEINE.

« C' n'est point l' jour où je l' perds, mais ben l' jour où j' l'ons pris que l' malheur m'a frappée et qu' j'aurions dû mourir... » J'ai raison, pas vrai ?

GÉRARD.

Sans doute...

MADELEINE.

Mais, en attendant, Denise est au lit avec la fièvre !... V'nez-vous la voir ? Vous lui devez ben ça !

GÉRARD, sautant sur son chapeau.

Parbleu ! (S'arrêtant court.) Ah ! diable !

MADELEINE.

Quoi ?

GÉRARD.

Maintenant, c'est impossible !

MADELEINE.

A cause ?

GÉRARD.

Je ne peux pas rencontrer chez Denise ma sœur et ma
nièce; car enfin... ma nièce me doit le respect, et...

MADELEINE.

Et si elle savait ce que vous êtes, elle ne vous payerait
plus c' qu'elle vous doit, pas vrai?

GÉRARD.

Je guetterai... j'attendrai qu'elles soient parties.

MADELEINE.

Vous jurez de venir?

GÉRARD.

Je le jure!

MADELEINE, rajustant vivement son châle et son bonnet.

J' vas lui porter la nouvelle... Pauv' Denise!... se tuer
pour un homme!... se tuer pour... Ah! jarni Dieu!... C'est-
y bête, l'amour, c'est-y bête!

Elle sort.

SCÈNE IX

GÉRARD, puis RENNEPONT, puis FAVEROLLES.

GÉRARD.

Elle a raison: c'est insensé, ma parole d'honneur! Vouloir
mourir parce que je la quitte. Mais toute ma vie mes
maîtresses m'ont quitté... est-ce que je me suis tué? Jamais!
jamais! (Il va à la fenêtre.) La voiture est attelée... Dire que
j'aurais pu rencontrer là-bas toute ma famille!... Ah! décidément, je renonce aux femmes... je me fais chartreux!

RENNEPONT, entrant.

La lettre est partie!... M. de Faverolles la recevra ici
même, et je saurai bientôt... (On entend au dehors un grand bruit
et des cris.) Qu'est-ce donc?

GÉRARD, qui est à la fenêtre, pousse un cri.

Ah! mon Dieu! arrêtez! arrêtez!...

RENNEPONT.

Qu'est-ce donc?

GÉRARD.

La voiture était attelée... l'une de ces dames... je n'ai pas
vu son visage... est montée sans que le cocher fût sur son
siége... et les chevaux partent au galop.

RENNEPONT.

Grand Dieu! (Le bruit continue, cris plus éloignés.) Un malheur!... courons!...

Faverolles paraît.

GÉRARD.

Eh bien?

FAVEROLLES.

Arrêtez!... On l'apporte ici... évanouie... blessée peut-être... car la voiture a été brisée!

RENNEPONT.

Évanouie... blessée... elle... Louise... ma femme!...

FAVEROLLES.

Non, monsieur : mademoiselle Marthe!

RENNEPONT.

Marthe!... Marthe!

Il reste cloué sur place.

FAVEROLLES.

La voilà!

Des domestiques apportent Marthe évanouie, Gérard la prend dans ses bras et la dépose sur un sofa.

SCÈNE X

Les Mêmes, MARTHE, évanouie.

RENNEPONT, d'une voix étranglée.

Gérard... allez prévenir... et préparer sa mère... (A Faverolles.) Vous, monsieur, un médecin... vite, un médecin!... (Aux domestiques.) Allez... allez!... des médecins... des... des médecins! (Les domestiques sont sortis, ainsi que Gérard et Faverolles, Rennepont est seul avec Marthe ; il est pâle, livide, chancelant, l'œil égaré ; il s'approche de Marthe et s'agenouille dans le plus terrible désespoir, d'une voix étouffée.) Marthe! Marthe!... Ah! si tu meurs, je mourrai!... Mon Dieu!... ce n'est pas elle, c'est moi qu'il eût fallu frapper pour que mon secret fût enseveli à jamais dans la tombe !... Marthe, mon seul bonheur, mon amour, ma vie!... Oui! oui! si tu meurs, je mourrai!

LA VOIX DE LOUISE, au dehors.

Ma fille! ma fille.

Elle entre suivie de Gérard; Faverolles paraît au fond; Rennepont s'est relevé et peu à peu reprend son calme.

SCÈNE XI

LES MÊMES, LOUISE, GÉRARD, FAVEROLLES

LOUISE, se précipitant.

Mon enfant! Marthe! ma fille!

GÉRARD.

Rassure-toi!... Tiens, ses lèvres se colorent...

LOUISE.

O mon Dieu! gardez-moi ma fille!

Elle joint les mains.

GÉRARD.

Elle revient à elle!

Marthe se soulève peu à peu et regarde sa mère.

LOUISE.

Oh! ma fille chérie, ma bien-aimée!

MARTHE, d'une voix faible.

Ah! j'ai eu bien peur... mais... mais, rassure-toi, je ne souffre pas... je n'ai rien... Oh! comme tu es pâle!... Je vous remercie, monsieur de Faverolles, de l'intérêt que vous me témoignez... (Se levant et allant à Rennepont.) Mon père, je vous ai effrayé, pardonnez-moi!

RENNEPONT, avec une émotion contenue.

Une autre fois, mademoiselle, soyez moins imprudente; souvenez-vous de ceux... qui vous aiment... Votre mère a dû cruellement souffrir... Ah! vous ne les soupçonnez pas, ces tortures de l'âme, ces déchirements du cœur, quand celle qui est l'objet de votre adoration, est là, devant vous, pâle, inanimée, morte peut-être, morte!... Ah! je vous le dis encore, mademoiselle, votre mère a dû cruellement souffrir!

MARTHE.

Je me souviendrai de vos paroles, mon père, et je vous remercie de me les avoir...

Elle lui prend la main, Rennepont retire cette main avec une sorte de terreur.

MARTHE, à part.

Même après ce danger!

LOUISE.

Marthe, tu chancelles!...

GÉRARD, à part, observant Rennepont.

D'où vient donc cette haine?... Où s'arrêtera-t-elle?

MARTHE.

Non! je veux sortir!... l'air me fera du bien... Mère, tu me donneras ton bras .. Je veux aller voir la pauvre Denise.

LOUISE.

Soit, mon enfant, tu t'appuieras sur moi!

JEAN, entrant.

Le valet de chambre de M. de Faverolles vient d'apporter ce billet.

FAVEROLLES.

Pour moi!

Il lit.

RENNEPONT, de même.

Ma lettre!

FAVEROLLES, de même.

Qu'ai-je vu?...

RENNEPONT, à part.

Oh! s'il y va, j'y serai!

TROISIÈME TABLEAU

Deux chambres d'ouvrières. — Dans celle de droite, Sydonie, assise près d'une petite table, est plongée dans la lecture d'un roman. — Dans celle de gauche, Henry debout, au fond, regarde avec émotion dans la chambre à côté.

SCÈNE PREMIÈRE

HENRY, SYDONIE.

SYDONIE.

Ah! en voilà un roman intéressant!... Cette Géraldine!... une simple brodeuse qui devient comtesse!... C'est ça qu'est de la veine!

HENRY, qui regarde Denise endormie.

Pauvre Denise!

SYDONIE.

Oh! avoir des chevaux, des diamants, des grands laquais
et des petits chiens... quel chic!... Il n'y a que l'amour qui
donne tout ça!

HENRY.

Ta part de bonheur, tu la demandais au travail, à
l'amour... et l'amour ne t'a apporté que la douleur et le désespoir!

SYDONIE.

Tiens! quand on est jeune et gentille, c'est pour faire
fortune!

HENRY.

A quoi t'auront servi ta jeunesse et ta beauté? A souffrir!

SYDONIE.

Oh! l'amour! c'est le luxe, c'est la vie!

HENRY.

Pour toi, pauvre Denise, l'amour, c'était la mort.

SYDONIE.

Ça m'ennuie, de travailler!... Enfin! (Elle prend de l'ouvrage.)
Allons, bon!... je n'ai plus d'aiguilles... je vais en acheter
et me faire coiffer! (Mettant son bonnet à la hâte.) Ah! si je pouvais devenir comtesse!... même de la main gauche!

Elle sort.

SCÈNE II

HENRY, puis MADELEINE.

HENRY.

•Elle dort!... mais la fièvre semble l'agiter encore... Pauvre fille, comme elle a souffert!

MADELEINE, entrant tout essoufflée.

Ah! me v'là, mé!

HENRY.

Madeleine!...

MADELEINE.

Ah! jarni!... c'est-y haut, ces maisons de Paris!... J'ons
les jambes qui me rentront, quoi!

HENRY.

Chut!... parlez bas... elle repose!...

MADELEINE.

Bon!... bon!... faut pas la réveiller, la chère petiote!...

3.

HENRY, à voix basse.

Eh bien, quelles nouvelles?

MADELEINE.

J'arrivons de chez mame Rennepont, elle m'a promis de venir avec mamselle Marthe, voir not' pauvre malade!

HENRY.

Elle va venir!... elle, cette belle jeune fille qui semblait s'intéresser à moi, et qui me regardait de ses grands yeux émus!

MADELEINE.

Ah! y a ben de quoi... après c' que vous avez fait!... Risquer sa vie pour sauver une jeunesse qu'on n' connaît point... C'est beau, c'est brave ça!... Ah! vous avez un fier cœur!... c'est mé qui vous l' dis... et j' m'y connaissons!

HENRY.

Bonne Madeleine!

MADELEINE.

Ah! l' courage, voyez-vous, ça me remue, moi, et avec ça si bon, si doux, qu' vous avez voulu veiller la pauv' enfant toute la nuit avec moi, et, quand vous la r'gardiez souffrir, y avait comme des larmes dans vos yeux.

HENRY.

Quelle folie!

MADELEINE.

Y en avait que j' vous dis, j' les ons vues, et, dans ces moments-là, j' vous aurions embrassé de bon cœur!

HENRY.

Moi, Madeleine?...

MADELEINE, à part.

Eh ben!... quoi que j' dis donc là, moi!...

HENRY, voyant entrer Denise.

Tenez! la voilà.

SCÈNE III

Les Mêmes, DENISE, venant de la droite.

DENISE, entrant.

Ah! c'est vous!... vous êtes encore ici!

MADELEINE.

Pardi! est-ce que j' pouvions te laisser seule?... J' t'ons veillée toute la nuit... avec c' digne jeune homme qui t'a sauvée...

DENISE.

Ah! merci de vos bons soins... de votre intérêt. Hélas! j'y
suis si peu habituée!... C'est si bon, de se sentir aimée! (Avec
sentiment.) Oh! oui, c'est bien bon!

MADELEINE.

Eh ben, voyons, te sens-tu mieux? es-tu plus calme à
c't' heure?... pus raisonnable?...

DENISE, assise:

Plus raisonnable, oui... oui!

MADELEINE.

Si ça a du bon sens de se jeter à l'eau!

HENRY.

Sans songer à ce qui devait vous retenir...à votre famille!

DENISE.

Ma famille!... je n'en avais pas avant d'avoir retrouvé
Madeleine.

HENRY.

A vos amis!

DENISE, que la fièvre reprend par degrés.

Je n'en avais qu'un et il m'a quittée. Vois-tu, Madeleine,
le bonheur n'est pas pour tout le monde, quelques-uns sont
nés pour souffrir; tous les berceaux ne sont pas les mêmes!
Moi, à sept ans, j'étais orpheline. Ma patronne d'apprentissage m'avait gardée par pitié, par charité!... Le soir, mes
compagnes d'atelier s'en allaient joyeuses et insouciantes,
au bras d'un père, d'une mère, d'un fiancé... Elles sou-
riaient à la vie, à la jeunesse, à l'avenir! On les aimait... et
moi!... moi, on m'appelait la petite pauvresse!... On me
fuyait, parce que j'étais triste, et on se moquait de moi,
parce que j'avais toujours la même robe!... Voilà comme
j'ai vécu jusqu'à présent, ma chère Madeleine, repoussée,
humiliée, sans un regard ami, sans une bonne parole!...
enfin un jour... une voix me dit: « Denise, je vous aime!... »
C'était lui! Oh! être aimée! avoir un être dans le monde
qui ne rit pas de vos larmes, avoir un frère, un ami, pres-
qu'une famille! Tout cela était dans ce mot: *Je vous aime!...*
Moi, je croyais que c'était pour toujours!... (Avec plus de fièvre.)
Pour toujours!... Quelques mois après, la même voix me disait: « Je ne t'aime plus! adieu Denise! » (Simplement.) Alors,
j'ai voulu mourir!

MADELEINE.

Pauv' fille!

DENISE, se levant.

Ah! tu fais des rêves, toi! ah! tu veux vivre de la vie

des heureuses!... Ah! tu crois aux serments parce que tu es sincère, à l'amour parce que tu aimes!... Allons donc, petite pauvresse!... Tu es folle!... regarde passer les joies et les amours des autres... mais ne tends plus la main!... La vie te repousse et le bonheur ne te fera pas l'aumône!

MADELEINE.

Eh ben, et le bon Dieu qui n' t'a point abandonnée, lui... et que tu offensais en voulant mourir.

DENISE, amèrement.

Dieu!... Dieu!

MADELEINE.

Ah! je sais ben qu'à Paris on n'y croyont guère. On dit même qu'on a mis dans un livre qu'il n'y en avait point là-haut... Allons donc!... Est-ce que c'est pas lui qu'envoyait ce brave jeune homme, qui l' guidait vers toi dans l' fond de la rivière?... Vois-tu, ma fille, y a un Dieu qui veille sur les braves gens, et tous vos grands écriveurs auront beau faire, ils ne le chasseront point du paradis.

DENISE.

Bonne Madeleine!

MADELEINE.

Est-ce qu'il faut jamais désespérer donc?... Suis mes conseils, ma petite Denisette; laisse-toi guider par Madeleine Touquet, et m'est avis qu' tu pourras *core* être heureuse!

DENISE.

Heureuse!... moi!...

On entend frapper.

MADELEINE.

Entrez!

Elle va ouvrir.

SCÈNE IV

LES MÊMES, MARTHE, LOUISE, FAVEROLLES.

MADELEINE.

Mame Rennepont et mamselle Marthe!

LOUISE.

Et M. de Faverolles qui a bien voulu nous accompagner... Ne t'avais-je pas promis de venir ce matin?

MARTHE.

Oh! nous n'avions garde d'oublier notre promesse!

HENRY, à part.

Elle ici !... près de moi !

DENISE, s'approchant de Louise.

Eh quoi! madame, vous avez bien voulu prendre la peine...

LOUISE.

Madeleine nous a parlé de vous, mademoiselle, avec un intérêt qui nous a donné le désir de vous voir, de vous connaître... nous avons voulu venir nous-mêmes savoir de vos nouvelles.

DENISE.

Oh! madame, que de bonté!... Vraiment, je suis confuse...

FAVEROLLES.

Eh! mais... je ne me trompe pas; c'est M. Henry de Marsay?...

LOUISE.

Vous connaissez monsieur ?

MADELEINE.

C'est lui qui hier s'étiont jeté si bravement à l'eau pour sauver Denise.

FAVEROLLES.

Vraiment ?...

MARTHE.

Et cela, avec un dévouement, un courage!...

FAVEROLLES, à part.

Oh! oh! quel enthousiasme!

LOUISE, à Henry.

Je suis heureuse, monsieur, d'avoir cette occasion de vous féliciter...

HENRY, s'inclinant.

Madame!...

LOUISE.

Et j'espère que vous voudrez bien quelquefois nous rendre visite. (Henry s'incline. A Denise.) Et vous, ma chère enfant, Madeleine nous a dit que vous vous occupiez de broderies... nous vous apportons de l'ouvrage.

Elle lui donne un petit paquet.

DENISE.

De l'ouvrage? Merci, madame, j'accepte avec reconnaissance!

Elle développe les dentelles.

HENRY, bas, à Marthe.

Ah! mademoiselle, souffrez que je vous remercie...

MARTHE, troublée.

Moi, monsieur?...

HENRY.

De cet intérêt que vous avez daigné me témoigner hier, et dont le souvenir sera éternel dans mon âme!

FAVEROLLES, qui les observait, s'approchant brusquement entre eux.

Vous dites, monsieur de Marsay ?...

HENRY, avec hauteur.

Pardon, mais cette question...

FAVEROLLES.

Comme fiancé de mademoiselle, j'ai le droit de vous l'adresser...

HENRY.

Moi, celui de n'y pas répondre.

FAVEROLLES, avec colère.

Monsieur!...

MARTHE.

Mon Dieu!

LOUISE, bas.

Qu'est-ce donc ?

FAVEROLLES, à Henry.

Monsieur, j'ai deviné en vous un rival que je ne cherchais pas !

HENRY.

Vous trouverez l'adversaire que vous cherchez.

LOUISE, qui s'est aperçue de ce qui se passe.

Marthe, on nous attend, partons!

MARTHE.

Oui, mère !

FAVEROLLES.

Nous nous reverrons, monsieur !

HENRY.

Nous nous reverrons!

LOUISE.

Votre bras, monsieur de Faverolles.

FAVEROLLES.

Je suis à vos ordres, madame!

LOUISE, à Denise.

Du courage, mon enfant, et à bientôt!

DENISE.

Merci, madame!

Elle entre chez elle. Louise sort avec Favcrolles et Marthe ; Madeleine les
accompagne jusqu'à la porte.

HENRY.

Ah ! Madeleine !... la ravissante jeune fille !... (Amèrement.)
Et elle se marie !... elle épouse ce Faverolles!

MADELEINE, avec intention.

C'est possible !... mais j' gagerions ben qu'elle n'est point
folle de lui !

HENRY, vivement.

Vous croyez ?... Et qui vous fait supposer ?...

MADELEINE.

Ah! pardi! c'est pas malin à voir! D'abord, sa froideur
avec son prétendu... son air de résignation, sa tristesse...
J' gagerions ben qu'elle n'aime point son futur !

HENRY, lui sautant au cou et l'embrassant sur les deux joues.

Il se pourrait !... Ah! Madeleine! ma chère Madeleine!...

MADELEINE, émue.

Eh ben... eh ben... qu'est-ce qui vous prend donc ?

HENRY, l'embrassant toujours.

Ah! s'il était vrai !... si je pouvais espérer...

MADELEINE.

Mais finissez donc !... finissez donc !

HENRY.

Oui, certes, j'irai chez madame Rennepont, et ce n'est pas
vous qui m'en empêcherez, monsieur de Faverolles... car
vous m'avez provoqué, et je vous tuerai !

Il va pour sortir.

MADELEINE.

Eh ben, où que vous courez comme ça ?

HENRY.

Est-ce que je sais, moi ?... J'ai besoin d'air !... Elle ne
l'aime pas, m'avez-vous dit, elle ne l'aime pas !... Au revoir,
ma bonne Madeleine ! (Il l'embrasse.) Au revoir !

Il sort vivement.

MADELEINE, émue, à elle-même.

Ah çà! quèqu' j'éprouvons donc, moi ?... J'ons jamais été
embrassée comme ça... et ces baisers qu'y m'a donnés, ça

m'a toute émouvée!... (Gravement.) Pas de bêtise, Madelon !
prends garde à toi, ma fille!... c'est la deuxième fois aujour-
d'hui que tu t'émouves pour lui!... C'est qu'il est si gentil,
si avenant, si... (Brusquement.) Ah! j' veux m'en retourner au
pays!... Oui! oui! l'air de Paris ne vaut rien pour moi...
faut que je m'en retournions!

SCÈNE V

MADELEINE, POLYTE, puis LISA LA BLONDE.

POLYTE, entr'ouvrant la porte.

Pardon, excuse... c'est moi, Polyte, qui hier soir, avec
Lisa, vous ai aidée à transporter ici une jeunesse qu'avait
voulu s' noyer.

MADELEINE.

Ah! oui, j' te reconnaissons ben... T'es l'amoureux d' la
p'tite chanteuse.

POLYTE.

C'est ça. Je venais voir si par hasard Lisa ne serait pas
encore chez vous.

MADELEINE.

Non ! j' l'ai envoyée aux provisions; elle ne tardera point
à revenir.

POLYTE, s'avançant.

Alors, vous me permettez ?...

MADELEINE.

Oui, reste... Encore un bon cœur c'te p'tite là !

POLYTE.

La Blonde? Ah! je crois bien !

MADELEINE.

Si bon, que le tien, mon gars, ne doit pas valoir grand'-
chose.

POLYTE.

Tiens, pourquoi donc ça, s'y vous plaît?

MADELEINE.

Ah! pourquoi?... Parc' que c'est toujours comme ça qu'y
s'accouplont; les cœurs, c'est comme les horloges... ça ne
marque jamais la même heure! Avoue que je n' me trom-
pons point et que tu ne vaux pas cher!

POLYTE, après un moment d'hésitation.

C'est vrai !

MADELEINE.

T'es un peu faignant, pas vrai?

POLYTE, à mi-voix.

Oui, un peu!

MADELEINE.

T'aimes mieux l' plaisir que l' travail?

POLYTE.

Beaucoup!

MADELEINE.

T'as tous les défauts, quoi?

POLYTE.

Ah! j'en ai pas mal!... mais j'ai une qualité, j'aime Lisa. .
Oh! Lisa, voyez-vous, je me ferais hacher pour elle!

LISA, qui est entrée sur les derniers mots, avec un petit panier
qu'elle a posé sur la table.

Merci, Polyte! (Elle lui tend la main.) Mais l' meilleur moyen
de me prouver ton dévouement, ça serait de travailler.

MADELEINE.

T'entends ça, mon gars!... Mets-le dans ta poche... avec
ton mouchoir par-dessus!

POLYTE.

Travailler!... j'aime pas l' travail; il me fait peur!... Et
puis, dame, il y a les connaissances, les amis... j' les vois
flâner, eh ben, je flâne avec!

MADELEINE.

Voyons! aimes-tu réellement la petite?

POLYTE.

Elle!... plus que ma vie!... Je l'ai connue qu'elle avait six
ans... pas vrai, la Blonde?... Quand j'étais petit, je demandais l'aumône pour elle... pas vrai encore, la Blonde?

MADELEINE.

Eh ben, voyons... puisque tu l'aimes... veux-tu qu'elle
soit heureuse?

POLYTE.

Heureuse!... elle! si je le veux!

MADELEINE.

Pour ça, mon gars, faut te corriger!

POLYTE.

Me corriger, ça n'est pas facile. Je suis bien mauvais,
allez!

LISA.

Non, Polyte, pas si méchant que tu le crois, il y a encore du bon dans le fond de ton cœur... Est-ce que je t'aimerais sans cela?

POLYTE.

Ma bonne Lisa,.. avec ces mots-là, tiens... je crois que tu ferais de moi un...

MADELEINE.

Un honnête garçon, pas vrai? Eh ben, si tu veux, elle et moi, j' nous y mettrons toutes les deux.

LISA.

Vous, mamselle Madeleine?... Ah! que vous seriez bonne et que je vous serais reconnaissante.

MADELEINE.

Pour commencer, mon gars, demain je retournons à la ferme, y a assez longtemps que j'flâne à Paris, eh ben, viens y avec mé!... j' te donnerons de l'ouvrage; là, tu ne trouveras que de bons exemples et d' bons conseils... tu perdras tes habitudes de paresse... et tu feras en travaillant ton apprentissage d'honnête homme!... Ça va-t-y?

POLYTE, à part.

Ça sera ben long!

LISA.

C'est ça!... Moi, de temps en temps, j'irai te voir là-bas... Nous ferons de bonnes promenades sous les grands arbres que j'aime tant.. bras dessus... bras dessous... comme mari et femme. Ah! ça serait si bon de ne plus trembler pour toi, Polyte, et je serais si heureuse de pouvoir t'estimer autant que je t'aime!

POLYTE.

Y a-t-y moyen de faire fortune par là?

LISA.

Fortune!

POLYTE.

Je veux être riche pour toi, Lisa!

MADELEINE.

Ça peut venir! Peu à peu t'amasseras un magot, t'achèteras un p'tit coin d'terre, une maisonnette... et vous vivrez heureux comme de bons paysans, au milieu d'vos marmots, d' vos oies et d' vos canards... Eh ben, voyons, ça va-t-y? Pars-tu demain avec moi?

POLYTE.

Eh ben... eh ben... oui, j'accepte!

LISA.

Ah! quel bonheur!... que je suis contente!... que je suis
heureuse!... Ah! mamselle Madeleine!... si vous saviez ce
que j'éprouve, tout ce que... (Pleurant.) Tenez, je ne peux
pas parler, je ne peux pas vous dire... (Elle lui prend les deux
mains et les baise avec effusion.) Non, je ne peux pas, je ne peux
pas!

MADELEINE, très-émue.

Eh ben, voyons... voyons... Est-ce que ça a du bon sens
de pleurer comme ça!

LISA, pleurant.

Oh! je vous aime bien, allez!

MADELEINE, la prenant dans ses bras.

Pauv' petite créature!... C'est né pour souffrir et pleurer... c'est tellement habitué aux larmes que, quand il lui
vient un peu de bonheur, c'est encore des larmes que ça
répand!

LISA.

Ainsi, tu es bien décidé, Polyte?

POLYTE.

Eh ben, oui; j'essayerai... (A part.) Mais j' réponds de rien!

SYDONIE, rentrant dans sa chambre.

Là!... j'ai des aiguilles!...

Elle s'assied à sa table.

MADELEINE.

A c' t' heure, allez faire vos préparatifs!... à demain, mes
enfants!

LISA et POLYTE.

A demain!

Ils sortent.

MADELEINE.

Pauv' petiote!... encore une qu'est pas heureuse!... et
tout ça parce que son petit cœur... Ah! jarni! c'est-y bête,
l'amour!... c'est-y bête!

Elle entre chez Denise.

SCÈNE VI

SYDONIE, puis NARCISSE.

SYDONIE.

Ah ! c'est drôle tout de même : aujourd'hui, je n'ai pas
du tout envie de travailler... j'ai des vapeurs !... j'ai des
vapeurs !... (On frappe à la porte.) Entrez !

NARCISSE, entr'ouvrant la porte timidement.

Pardon !... Mademoiselle Sydonie, s'il vous plaît?

SYDONIE.

Tiens !... le jeune homme du quai aux Fleurs.

NARCISSE.

Quel bonheur !... vous n'êtes pas chez la crémière !

Il entre avec un grand carton sous le bras.

SYDONIE, avec pudeur.

Vous ici, monsieur !... Mais il est encore bien *patron
minette* pour se présenter chez une jeune fille... La con-
cierge est si potinière !

NARCISSE.

C'est trop tôt?... Une autre fois, je viendrai à minuit.

SYDONIE.

Mais pas du tout !

NARCISSE.

Je me suis dit : « Allons voir si depuis hier mademoiselle
Sydonie a confectionné mes cent vingt douzaines de faux
cols !

SYDONIE, faisant un peu de genre.

Mon Dieu, non ! pas encore !... j'ai été si occupée, si
occupée !... des affaires les plus importantes !... mon propriétaire m'avait écrit...

NARCISSE, naïvement.

Dans quels termes ?

SYDONIE.

Dans le terme du 15 !... Ah! je paye mon loyer, moi!

NARCISSE.

Elle paye son loyer !... Voilà donc ta mansarde, ô fille de
Frétillon! (Aspirant très-fort.) Que voilà bien l'asile de l'inno-
cence ! la ruche de l'abeille laborieuse !... quel parfum
d'honnêteté, de chasteté !

Il aspire de nouveau.

SYDONIE.

Vous trouvez que ça sent? C'est mon lait de ce matin qui s'est sauvé dans le feu !

NARCISSE, avec amour.

Son lait s'est sauvé!... c'est un ange!... Eh bien, non, Sydonie, ce ne sont point mes cent vingt douzaines de faux cols qui m'ont fait monter vos cent dix-sept marches... Sydonie, je vous aime!

SYDONIE, avec une pudeur effarouchée.

Jeune homme!... (Changeant de ton.) Êtes-vous majeur ?

NARCISSE.

Depuis trois semaines!

SYDONIE, baissant les yeux.

Donnez-vous la peine de vous asseoir!

NARCISSE.

Mademoiselle, je suis riche et libre... ma famille voulait me marier... Allons donc! épouser ma cousine Héloïse, moi!... une grande fille, maigre comme une tringle à rideaux, qui louche, et qui a des dents!... oh! longues comme ça!... Elle les a achetées à un éléphant qui faisait sa vente. J'ai écrit chez moi que je me fichais de ma cousine Héloïse, que j'aimais un ange... Cet ange, Sydonie Papillon, c'est vous !

SYDONIE, blessée.

Monsieur Narcisse Malicorne, vous me prenez pour une autre! (Changeant de ton.) Et cependant je serai franche, cette nuit, j'ai rêvé de vous.

NARCISSE, abasourdi.

Elle a rêvé de moi!... ô bonheur!

SYDONIE.

Oui... vous étiez sur un nuage... et vous jetiez des fleurs... comme ça!...

Elle fait un geste prétentieux.

NARCISSE.

Je jetais des fleurs?... O fille de Frétillon, aimez-moi... et laissez-moi déposer à vos pieds les arrhes de mon amour!

Il ouvre le carton.

SYDONIE.

Des arrhes!

NARCISSE, montrant les objets à mesure qu'il les nomme.

Quelques légers présents que je vous conjure d'accepter... bonnets d'organdi... robes de mousseline blanche!... O sainte mousseline, patronne des grisettes!...

SYDONIE.

Non, monsieur je n'accepterai rien de tout cela!

NARCISSE.

Hein?

SYDONIE, avec émotion.

Je ne suis pas de ces femmes qui abusent de l'inexpérience des fils de famille... je ne suis pas une *creuseuse* de précipices...je ne veux pas vous ruiner! Adieu!

NARCISSE.

Me ruiner!... Mais pas du tout!... La mousseline et l'organdi, c'est pour rien!

SYDONIE, croisant ses bras.

Pour rien!... vous croyez ça?... Et le blanchissage, monsieur?

NARCISSE.

Le blanchissage?...

SYDONIE.

Tenez, ce petit bonnet-là, par exemple, ça se porte deux jours, et ça coûte trente sous à blanchir!

NARCISSE.

Trente sous tous les deux jours!...

SYDONIE.

Eh bien, trente sous tous les deux jours, au bout du mois, savez-vous ce que ça fait? Vingt-deux francs cinquante centimes, monsieur.

NARCISSE.

C'est juste!

SYDONIE.

Et, au bout de l'année, deux cent soixante et dix francs!

NARCISSE.

Deux cent soixante et dix francs, un bonnet de douze francs!

SYDONIE.

Tandis qu'un petit chapeau n'en coûte que soixante.

NARCISSE, enthousiaste.

Quelle économie!... Moi qui recherche l'économie, c'est admirable!

SYDONIE.

Et la robe donc! (Parlant très-vite.) Blanchissage tous les deux jours d'une robe de mousseline toute simple, sans

volants, comme celle-ci : cinq francs ; multipliez par quinze,
soixante-quinze francs par mois... maintenant, multipliez
par douze, et vous aurez...

NARCISSE, calculant sur son calepin.

Attendez ! attendez !... Soixante-quinze par douze ; deux
fois cinq, pose zéro, deux fois sept, quatorze et un quinze...
une fois cinq est cinq, une fois sept... neuf cents francs !...
Sapristi ! neuf cents francs, une robe de sainte mousseline ;
mais c'est monstrueux !

SYDONIE.

C'est ruineux ; tandis qu'une robe de soie, ça ne coûte
que trois cents francs !

NARCISSE,

Que trois cents francs, la robe de soie !...

SYDONIE.

Et ça ne se blanchit pas !

NARCISSE.

Et ça ne blanchit pas !... encore une économie (Fourrant
tous les objets dans le carton.) Je reporte la mousseline, je resti-
tue l'organdi, et je choisis à la place de la jolie soie... ah !
mais !

SYDONIE, vivement.

Oui... ou du taffetas .. c'est plus cher, mais, comme ça
dure davantage, c'est meilleur marché !

NARCISSE, qui comprend.

C'est cela, du taffetas... c'est plus cher, mais c'est meilleur
marché !

SYDONIE, battant des mains.

Comme je serai fière de sortir avec vous, dans ces belles
toilettes !

NARCISSE, à part.

Est-elle naïve ! (Haut.) Oui, nous irons tous les jours nous
promener dans les champs.

SYDONIE.

Z'Élysées !

NARCISSE.

Plaît-il ?

SYDONIE.

Dans les Champs-Elysées !

NARCISSE.

Parbleu !... C'est un peu loin, mais nous irons en voiture...
c'est si commode ! quarante sous les numéros jaunes parce

qu'il y en a beaucoup, et deux francs vingt-cinq les numéros rouges, parce qu'il y en a moins.

SYDONIE, dramatiquement.

Encore des folies!... Narcisse, mon ami, croyez-moi, partez... ne nous voyons plus! .. voici votre chapeau, allez-vous-en !

NARCISSE.

Mais...

SYDONIE, pleurant.

Des voitures de remise!... Oh! je ne ruine pas les hommes, moi!... je ne suis pas une cocotte, moi!... Voilà votre chapeau, adieu pour toujours!... Il me méprise!... ô ma mère ! ma mère!

Elle tombe sur une chaise en sanglotant dans ses mains.

NARCISSE, à ses pieds.

Oh! non! n'appelez pas madame votre mère!... Voyons, Sydonie... je vous en supplie, Sydonie!...

SYDONIE, d'une voix faible.

Non... Laissez-moi !...

NARCISSE.

Ma petite Sydonie!... ange du ciel!

SYDONIE, à travers ses larmes.

Une voiture de remise, avec les pourboires, ça revient à des trente-trois francs par jour.

NARCISSE.

C'est évident!

SYDONIE.

Tandis qu'avec six cents francs par mois, on a un petit coupé à soi... Ça vous fait honneur, et on économise trois cents francs.

NARCISSE, en délire.

Trois cents francs par mois, trois mille six cents francs par an d'économie!... mais c'est une fortune que cette petite femme-là!... voilà déjà plus de douze mille francs par an qu'elle m'économise! Je cours chez le marchand d'étoffes, et, de là, chez le loueur de voitures.

SYDONIE.

Brion, boulevard des Capucines, 48!

NARCISSE.

Je ne fais qu'un saut !

SYDONIE.

Moi, je vais acheter le déjeuner de mes serins.

NARCISSE, à part.

Elle aime ces animaux-là !... Oh ! elle m'aimera ! (Haut.) Sydonie, vous accepterez mon bras pour descendre l'escalier.

MADELEINE, rentrant dans l'autre compartiment.

Je ne me suis pas trompée, c'est ben M. Gérard que j'ons vu venir de là-bas.

SYDONIE, faisant de l'œil.

Volontiers... Narcisse !...

NARCISSE, à part.

Elle a dit Narcisse tout court !... décidément, c'est un ange !

SYDONIE, à part.

Décidément, c'est un joli bonhomme !

Ils sortent.

SCENE VII

MADELEINE, DENISE, puis GÉRARD.

MADELEINE, appelant.

Denise !...

DENISE.

Que me veux-tu ?

MADELEINE.

Du courage, Denise ! le v'là qui vient.

DENISE.

Qui ?

MADELEINE.

M. Gérard !... et m'est avis que c'te visite-là va te mettre un brin l'cœur à l'envers !

DENISE.

Tu te trompes, je suis calme.

MADELEINE.

Bah ! dans un instant, j'te verrons rougir comme une cerise.

DENISE.

Moi ?... Non !

MADELEINE.

Ou ben pâlir !

4

DENISE.

Non !

MADELEINE.

Ou ben trembler.

DENISE.

Non !

MADELEINE.

Tiens, j' l'entendons qui monte !...

DENISE.

Eh bien, suis-je pâle ?

MADELEINE, revenant à Denise.

Ma fine, non !

DENISE.

Ma main tremble-t-elle ?

Elle la lui donne.

MADELEINE.

Non-da !... Ah ! le v'là qu'arrive !

DENISE.

Vois si mon cœur bat !

MADELEINE.

Non vraiment !... En ce cas, Denise, tiens bon, ma fille, et p' t' être ben que l'avenir vaudra mieux pour toi que l'passé !

DENISE.

Comment ?

MADELEINE.

Il te reviendra, c'est mé qui te le dis.

GÉRARD, qui entre.

Denise, ma pauvre Denise !... Tu as voulu mourir !... mourir pour moi !...

DENISE.

Ah ! mon Dieu, oui, par amour pour vous, et parce que vous ne m'aimiez plus.

GÉRARD.

Pauvre amie, je ne te croyais pas capable d'un si violent désespoir... A l'avenir... je viendrai te voir quelquefois, souvent même !

DENISE.

Mé voir... pourquoi ?

GÉRARD.

Pourquoi ?... Mais pour aider ton courage !

MADELEINE.

Voyez-vous ça !

DENISE.

C'est inutile !

MADELEINE.

Bon !

GÉRARD.

Tu dis?...

DENISE.

Je dis... qu'hier il me semblait impossible de vivre sans votre présence... et maintenant, je vous regarde, vous pour qui j'ai voulu me tuer, et je ne sens plus rien de cette fièvre qui troublait ma raison... Mes émotions sont mortes, ma folie est éteinte... Est-ce vous qui êtes changé, est-ce moi qui ne suis plus la même, je ne sais, mais je ne vous aime plus, Gérard, je ne vous aime plus !

GÉRARD.

Allons donc!... est-ce que c'est possible ?

MADELEINE.

Pardine ! oui, monsieur a raison ! Quand on a perdu l'amour d'un si bel homme, on se tue par désespoir, et, si on en réchappe, on se retue de nouveau pour qu'y vous regrette un brin... c'est ça qui vous irait, pas vrai, mon bon monsieur?...

GÉRARD.

Est-il vrai, Denise, qu'un changement aussi complet se soit fait en vous ?

DENISE.

Cela vous surprend, Gérard ?... Ah ! c'est que vous ne savez pas... quand on est là-bas, dans la rivière, avec ce bruit terrible de l'eau qui vous aveugle et vous emporte ; quand on se sent jeune, faite pour vivre et que l'on se débat contre la mort, contre la plus horrible des morts!... quand on se dit, dans cette agonie d'une minute : « Je l'aimais saintement, et il m'a abandonnée, et c'est lui qui m'aura jetée à la Morgue ! »

GÉRARD.

Oh ! c'est horrible !

DENISE.

Oui, c'est horrible, n'est-ce pas ?... Mais le ciel n'a pas voulu que ce crime, qui était à la fois le vôtre et le mien, s'accomplît jusqu'au bout ; il a permis que je fusse sauvée, et, quand on m'a annoncé que j'allais vous revoir, j'ai senti

que je restais calme; et, quand je vous ai revu, je ne me suis
plus trouvée la même... Me voici, là, vivante, devant vous;
mais mon amour est mort, lui, et il me semble que mon
cœur soit resté au fond de la rivière.

GÉRARD.

C'est incroyable!

MADELEINE.

J' n'en revenons pas, quoi, monsieur!

GÉRARD, attirant Denise à lui.

Voyons, Denise, ma petite Denise!... Est-ce que... réellement, il n'y a plus rien là pour moi?

DENISE.

Plus rien!

GÉRARD.

Rien?...

MADELEINE.

Oh! vot' compte est ben fait, allez!

SCÈNE VIII

Les Mêmes, NARCISSE, SYDONIE, qui entrent dans la
chambre à droite, Narcisse plus chargé de cartons que
jamais.

SYDONIE.

Ah! les belles emplettes!

NARCISSE.

Étalons ça sur les chaises.

Il étale les étoffes et le chapeau.

GÉRARD, à part.

C'est qu'elle a l'air de parler très-sérieusement, et... et
c'est singulier, elle ne m'a jamais paru aussi jolie!

NARCISSE.

Voilà!

Il montre les étoffes.

SYDONIE.

Comme c'est beau, tout ça! Monsieur Narcisse, vous
m'aimez donc réellement?

NARCISSE, à Sydonie.

Sydonie, entre nous, c'est pour toujours!

GÉRARD.

Quoi! réellement, Denise, tu ne m'aimes plus?

DENISE, à Gérard.

Entre nous, monsieur Gérard, tout est fini à jamais !

MADELEINE

Allais! marchais!... vous pouvez en faire vot' deuil, mon bonhomme !

GÉRARD.

Adieu donc, Denise !

DENISE, froidement.

Adieu !

NARCISSE, pressant Sydonie contre son cœur.

Comme c'es! gentil, un amour qui commence !...

GÉRARD, s'arrêtant au moment de sortir, et regardant Denise. — A part.

Comme c'est triste, un amour qui finit !

ACTE TROISIÈME

QUATRIÈME TABLEAU

Une maison sur la route de Montrouge. Chambre à peine meublée. —
Une table en bois grossier; un vieux buffet; quelques chaises de paille;
au fond, une porte donnant sur la route. — A droite, une petite porte
donnant dans la chambre voisine. — Une lampe brûle sur la table.—
Tout cela a un aspect sinistre.

SCÈNE PREMIÈRE

FAVEROLLES, un Cocher.

Au lever du rideau, la scène est vide. La porte du fond s'ouvre, et
Faverolles entre précédé d'un cocher.

LE COCHER.

C'est bien ici! Nous sommes arrivés, mon bourgeois.

FAVEROLLES.

Quel horrible temps! (On entend tomber la pluie. Regardant autour
de lui.) Ah çà! où diable m'avez-vous conduit?

LE COCHER.

Je ne le sais pas plus que vous.

FAVEROLLES.

Qui vous a dit de m'amener ici?

LE COCHER.

Une espèce d'Auvergnat qui m'a remis l'adresse que
voici... (il montre un papier) en me donnant vingt francs.
(Il rit et fait sonner l'argent.) A la bonne heure! v'là un pour-
boire. C'est pas les bourgeois de Paris qui feraient ça! Tas
de panés, va!

FAVEROLLES.

Et que vous a dit cet homme?

LE COCHER.

L'Auvergnat?... Oh! il n'a pas dit trois paroles; pas
bavards les Auverpins, pas bavards!

FAVEROLLES.

Quel est ce quartier que nous venons de traverser?

LE COCHER.

Le Grand-Montrouge, mon bourgeois!

FAVEROLLES.

Et nous sommes ici?

LE COCHER, secouant son manteau couvert de pluie.

Sur la vieille route de Vanves. Un chien de temps tout de même!... et un fichu chemin!... Ces pays de carrières, ça éreinte les chevaux!

FAVEROLLES.

Restez à la porte... attendez-moi; peut-être aurai-je bientôt besoin de vous pour m'en retourner.

LE COCHER.

Oh! impossible, mon bourgeois! d'abord, il est plus de minuit. Ensuite de ça, mes chevaux n'ont pas mangé... et puis je suis payé pour vous amener ici et... pour revenir seul. Bonsoir!

FAVEROLLES.

Vous refusez de me conduire?

LE COCHER, avec insolence.

Oui!

FAVEROLLES.

Alors, donnez-moi votre numéro, et je vous apprendrai...

LE COCHER.

Des numéros?... des numéros à cette heure-ci?... Ils sont couchés... et je vais en faire autant. Bonne nuit, mon bourgeois!

Il sort.

FAVEROLLES.

Impertinent, drôle!

On entend au dehors le cocher crier: Hue! hue donc! La voiture part au galop et le bruit s'éteint peu à peu dans le lointain.

SCÈNE II

FAVEROLLES, seul.

Dieu me damne, il est ivre! (Il tire un billet de sa poche et le lit à la lueur de la lampe.) « Une voiture stationnera au coin du boulevard Malesherbes devant le n° 5, ce soir, à dix heures; montez dans cette voiture, et laissez-vous conduire. Vous

obéirez à cette lettre, s'il est vrai que vous m'aimiez !
ERNESTA. » (Regardant autour de lui.) Pour un rendez-vous
d'amour, l'endroit est singulièrement choisi !... (La pluie
fouette les vitres et un coup de vent entr'ouvre la porte, qui se referme
comme d'elle-même. Le rire de Faverolles s'arrête, il regarde de nouveau
autour de lui. Voyant la porte de droite.) Ah ! une porte qui vient
de trembler ! Parbleu ! j'y suis : c'est une fantaisie d'Ernesta ;
ceci est l'antichambre de quelque charmant boudoir.

Il se dirige vers la porte et se trouve en face de Rennepont qui paraît.

SCÈNE III

RENNEPONT, FAVEROLLES.

FAVEROLLES.

Monsieur Rennepont !

RENNEPONT, froid et calme.

Ce n'est pas moi que vous attendiez, n'est-ce pas, monsieur de Faverolles ?

FAVEROLLES.

En vérité, monsieur...

RENNEPONT.

Vous ne comprenez pas ?... Oh ! vous comprendrez tout à
l'heure. L'endroit est bizarre pour une explication... Que
voulez-vous !... c'est... (souriant amèrement) c'est Ernesta qui
l'a choisi, n'est-ce pas ?... Ernesta que vous me juriez ce
matin de ne jamais revoir... car vous me l'avez juré, monsieur de Faverolles, et sur votre parole de gentilhomme.
Tout cela est-il vrai ?

FAVEROLLES.

Tout cela est vrai, monsieur.

RENNEPONT.

Asseyez-vous donc, je vous en prie. Ici, nous ne serons
pas dérangés. Cette route est déserte, nous sommes absolu-
ment seuls, et nous pouvons parler librement.

Il s'assied.

FAVEROLLES.

Je vous écoute, monsieur.

RENNEPONT.

Monsieur de Faverolles, je vous ai dit ce matin que vous
ne seriez pas heureux avec mademoiselle d'Hauterive ; je
sais maintenant qu'elle serait malheureuse avec vous... et...
je ne veux pas qu'il en soit ainsi. Vous disiez vrai : je n'ai

pas pour cette jeune fille une affection bien vive, mais je suis son tuteur, je suis son... second père. La loi m'impose des devoirs, ma conscience m'en impose de plus grands encore, et je viens vous faire une proposition.

FAVEROLLES, qui a regardé Rennepont fixement.

Une proposition?... Laquelle, monsieur, je vous prie?

RENNEPONT.

Renoncez à la main de mademoiselle Marthe.

FAVEROLLES.

Jamais!

RENNEPONT.

Mais vous ne l'aimez pas, monsieur de Faverolles, et, puisque je vous trouve ici, il est clair que ce mariage n'est pour vous qu'une affaire...

FAVEROLLES.

Monsieur!...

RENNEPONT, se levant.

Une affaire d'argent. Eh bien, consentez à cette renonciation... et je vous offre cinquante mille francs.

FAVEROLLES, se levant à son tour.

Cinquante mille francs!

RENNEPONT.

Les voilà!.. dans ce portefeuille.

Il le met sur la table.

FAVEROLLES, impassible.

J'aime mademoiselle Marthe!

RENNEPONT.

Cent mille francs!

FAVEROLLES.

J'aime mademoiselle Marthe!

RENNEPONT.

Eh bien, fixez vous-même la somme... Oh! ne craignez rien, je suis riche! (Touchant les billets de banque.) Tenez... prenez, il y a là tous les plaisirs, toutes les joies... A vous ce luxe que vous aimez.. a vous les femmes, le jeu, toutes les fièvres, toutes les ivresses! Vous êtes joueur, eh bien, je vous donnerai de quoi jeter dix fortunes au tapis vert, de quoi faire sauter toutes les banques... Acceptez!... acceptez! (Faverolles sourit.) Vous... vous ne répondez pas?...

FAVEROLLES.

Attendez! (Il tire de sa poche le médaillon de Marthe.) Voici ma réponse, monsieur!

Il regarde attentivement Rennepont.

RENNEPONT.

Le portrait de Marthe !

FAVEROLLES.

Vous me demandez de renoncer à elle pour de l'argent!... Est-ce que c'est possible, dites, monsieur, dites? Vendre cet adorable visage, ce délicieux sourire, mettre à l'enchère ces yeux si purs et si tendres qui appellent mille baisers !

Il porte le médaillon à ses lèvres.

RENNEPONT, lui saisissant violemment le poignet qui tient le médaillon.

Misérable, je te défends !...

Il lui arrache le médaillon.

FAVEROLLES.

Allons donc! je savais bien que vous vous trahiriez !

RENNEPONT.

Comment ?...

FAVEROLLES

Je vous ai dit, ce matin, que vous haïssiez mademoiselle Marthe; maintenant, je vous dis que vous l'aimez.

RENNEPONT.

Malheureux !

FAVEROLLES.

Vous l'aimez, vous dis-je, d'un amour insensé, criminel, mais vous l'aimez!

RENNEPONT.

Oh ! taisez-vous! taisez-vous!

FAVEROLLES.

Pourquoi donc?... La route est déserte, nous pouvons parler librement.

RENNEPONT.

Prenez garde à vous, monsieur de Faverolles!

FAVEROLLES.

Des menaces?...

RENNEPONT.

Eh bien, oui, des menaces! car si vous prétendez avoir mon secret, vous savez bien que j'ai les vôtres... Ah! vous voulez lire ce qui se passe en moi, et mesurer mon âme à la

vôtre !... Ma vie, monsieur, a été une vie d'abnégation et
d'honneur, et, s'il était vrai qu'une passion fatale ou coupable se fût emparée de mon cœur, ce serait entre elle et moi
une lutte acharnée, terrible, inexorable, et j'en triompherais
ou bien elle dévorerait ce cœur; elle me tuerait, mais ne
m'avilirait pas ! Vous, au contraire, chacune de vos passions
a élargi sous vos pas le chemin du vice et du crime ! Pro-
digue et débauché, vous avez ruiné dix familles; libertin
sans pudeur, vous ne comptez plus vos victimes; joueur
effréné, vous ne comptez plus le nombre de vos dupes ; et,
parce que, de ces fautes et de ces crimes, vous avez su
détruire toutes les preuves, effacer toutes les traces, vous
croyez que nul ne s'en fera une arme contre vous ? Mais je
vous connais, vous dis-je, et je ne veux pas que Marthe vous
appartienne.

FAVEROLLES.

Elle m'appartiendra cependant !

RENNEPONT.

Jamais ! Elle qui est la jeunesse, la vertu, liée à vous qui
êtes le vice et la débauche... Jamais, vous dis-je !... Dans ma
maison, dans ma famille, comme à mon bord, j'ai charge
d'âmes et je ne relève que de Dieu seul. Moi vivant, vous
n'épouserez pas Marthe d'Hauterive.

FAVEROLLES.

Et comment m'en empêcherez-vous ?

RENNEPONT.

Je vous tuerai !

FAVEROLLES.

Me... me tuer ?... Allons donc !

RENNEPONT.

Est-ce que vous croyez que je vous ai fait venir ici pour
vous offrir un marché et vous laisser partir librement si vous
ne l'acceptez pas ?... Vous avez refusé de signer une première convention; vous signerez celle-ci !

Il lui présente un papier.

FAVEROLLES.

Une autre convention !...

RENNEPONT.

« Aujourd'hui 12 juin, une rencontre aura lieu entre nous,
Georges Rennepont et Charles de Faverolles ; le sujet de cette
rencontre devant être ignoré de tous, nous nous battrons
sans témoins. (Il pose le papier sur la table.) Signez cela ! » (Sortant
des pistolets de sa poche.) Voici des armes, choisissez !

Il les met sur la table.

FAVEROLLES.

Un duel? Vous n'y pensez pas, monsieur!... J'épouserai mademoiselle Marthe d'Hauterive parce que son père l'a fiancée à moi et que sa dernière volonté est plus forte que la vôtre. Gardez donc votre argent et serrez vos armes, car je ne me battrai pas avec vous, et Marthe m'appartiendra... Au revoir!

Il se dirige vers le fond.

RENNEPONT.

Une dernière fois, vous refusez de vous battre?

FAVEROLLES.

Je refuse!

RENNEPONT.

Même si je dévoile l'infamie de votre passé?

FAVEROLLES.

Je refuse!

RENNEPONT.

Même si je vous dis que vous êtes un lâche!

FAVEROLLES.

Je refuse!

RENNEPONT.

Et si je vous soufflette?

Il le soufflette.

FAVEROLLES, jetant un cri.

Ah! une arme! une arme! (Il saisit un des pistolets.) Tiens, misérable!

Il ajuste Rennepont.

RENNEPONT, le prévenant.

Assassin!

Il tire.

FAVEROLLES, tombant.

Ah!

RENNEPONT.

Mon Dieu! (Il reste immobile et essuie la sueur froide qui couvre son front.) Je l'ai tué! un meurtre! un assassinat!

LA VOIX DE MADELEINE, en dehors, accompagnée de coups de fouet.

Hue donc, Coco! va donc! hue!

Bruit d'une voiture qui verse.

RENNEPONT, se relevant.

On vient! il faut fuir! (Il se dirige vers le fond, puis s'arrête et revient à la table.) Ah! ce portrait!... ce portefeuille! des preuves contre moi!

Il met à la hâte dans sa poche des liasses de billets de banque. La porte du fond s'ouvre sous un coup de pied de Polyte.

SCÈNE IV

RENNEPONT, POLYTE, puis MADELEINE.

POLYTE, voyant la récolte des billets sans voir le visage de Rennepont, qui lui tourne le dos.

Oh! des billets de banque!

RENNEPONT.

Je suis perdu! (Frappé d'une idée.) Ah!

Il souffle la lampe. Nuit complète.

POLYTE.

Eh ben, mon brave homme, c'est comme ça que vous venez à l'aide de ceux qui versent. Notre charrette est sur le flanc!... donnez-nous un petit coup de main.

RENNEPONT, qui a mis le portrait dans le portefeuille et le portefeuille dans sa poche de derrière.

Je ne vous connais pas! arrière!

Au moment où Rennepont se glisse vers la porte pour s'enfuir, Madeleine qui entre, la lanterne de sa voiture à la main, plante cette lanterne devant le visage de Rennepont.

MADELEINE, jetant un cri.

Ah!

RENNEPONT.

Laissez-moi!

Il lui arrache la lanterne, la jette à terre et l'éteint, puis s'échappe.

MADELEINE.

C't'homme-là vient de commettre un crime!

POLYTE, à part.

La caisse est dans les poches du paletot... chacun sa part!

Il s'élance à la poursuite de Rennepont.

MADELEINE, restée seule.

Polyte! Polyte! Eh ben, il me laisse là seule!... toute seule!

FAVEROLLES, très-bas.

A... à moi !... à moi !

MADELEINE, terrifiée.

Dieu du ciel !... ah ! je l' disions ben, oui, il y a eu un crime ici... un assassinat !... et j'sommes seule au milieu de c'te nuit !

FAVEROLLES, d'une voix déchirante.

Ah !...

MADELEINE, jetant un cri.

Ah ! j'ai peur !... j'ai peur !

(Elle s'élance vers la porte.

FAVEROLLES.

Du secours !... du .. du secours !

MADELEINE, s'arrêtant.

Allons donc, Madeleine, y a ici quèqu'un qui souffre, quèqu'un qui meurt... Non, t'es pas seule ici, Madeleine : y a Dieu qui te regarde... (Cherchant dans les ténèbres.) Où êtes-vous ? (Rencontrant le corps de Faverolles.) Ah !...

Elle le soulève à demi.

FAVEROLLES, râlant.

J'étouffe !... la soif me brûle !

MADELEINE.

Du courage ! (Elle promène ses doigts sur la poitrine de Faverolles et rencontre la blessure.) Ah ! du sang !... du sang !

FAVEROLLES.

Ah ! je meurs !... je meurs !

Il retombe mort.

MADELEINE, agenouillée près du corps.

Sainte Vierge ! il est mort ! Mais qui donc ?... Ah ! du moins, j'ons vu l'assassin !... et celui-là... oh ! celui-là, je le reconnaîtrons !

CINQUIÈME TABLEAU

Chez Rennepont. — Grand luxe. — Porte au fond ; portes latérales dans des pans coupés.

SCÈNE PREMIÈRE

GÉRARD, JULIE, puis HENRY.

Gérard est éten'u sur un sofa et cause avec la femme de chambre en feuilletant un livre.

GÉRARD.

Ainsi, Julie, ma sœur et ma nièce... ?

JULIE.

Toujours bien tristes, monsieur ! il n'y a encore que quinze jours que ce pauvre M. de Faverolles...

GÉRARD.

Y a-t-il déjà quinze jours ?

JULIE.

Hélas ! oui, monsieur !

GÉRARD.

Pourquoi dis-tu : « Hélas ? »

JULIE.

Je ne sais pas, monsieur ; mais, quand on parle de quelqu'un qui n'est plus, j'ai toujours entendu qu'on disait : « Hélas ! » alors, je dis : « Hélas ! »

GÉRARD.

A merveille ! Ta raison est excellente, bien des gens n'en auraient pas de meilleure à donner... (Voyant entrer Henry.) Henry ! (Se levant et jetant son livre.) Je t'attendais ! (A Julie.) Demande à ces dames si elles peuvent nous recevoir !

JULIE.

Oui, monsieur.

Elle entre à gauche.

HENRY, avec effusion.

Mon cher Gérard! mon ami!

Il lui serre la main.

GÉRARD.

Bien! faites-moi votre cour, monsieur de Marsay. Hé! hé! un oncle dans sa manche, c'est très-important!

HENRY, troublé.

Que veux-tu dire?... Aurais-tu deviné?...

GÉRARD, lui prenant le bras.

Grand enfant!... avec cela que tes yeux savent garder un secret. Tu aimes ma nièce, parbleu!

HENRY.

Mais...

GÉRARD.

Tu ne l'aimes pas?

HENRY, vivement.

Si fait!

GÉRARD.

Allons donc!

HENRY.

Mais comment sais-tu...?

GÉRARD.

La belle affaire! tous les amoureux se ressemblent; ils prennent leurs soupirs chez le même marchand. Ainsi, toi qui as quelque esprit...

HENRY.

Oh!

GÉRARD.

Je m'y connais, moi, j'en ai beaucoup! Toi qui as quelque esprit, eh bien, quand ma nièce est là, tu es stupide!

HENRY.

Vraiment!

GÉRARD.

Tu rougis... je ne dirai pas comme une jeune fille... les jeunes filles ne rougissent plus...

HENRY.

Excepté mademoiselle Marthe, pourtant.

GÉRARD.

Oui... elle a été élevée à la campagne... chère petite!... Quand tu parles, elle t'écoute... exactement comme si tu

faisais une conférence... Tu as beau dire des sottises, elle ne
les remarque pas... C'est charmant, l'amour... Touchez là,
mon neveu!

HENRY.

Ah! mon cher Gérard, oui, je l'adore!

GÉRARD.

Tu me conviens beaucoup. Comme chef de la famille, je
t'autorise à faire la demande.

HENRY.

En ce moment?

GÉRARD.

Pourquoi pas?

HENRY.

Lorsqu'un malheur, un deuil de famille...

GÉRARD.

Ah! toi aussi, tu te crois condamné à la tristesse géné-
rale. Certainement, on doit le plus grand respect aux morts,
mais enfin, en qualité de mort, M. de Faverolles appartient
à l'histoire... comme Dagobert! on peut donc le juger...
C'était un coquin!

HENRY.

Gérard!

GÉRARD.

Eh! mon cher Henry, respectons les morts, soit, mais à
la condition qu'ils aient bien vécu; pardonnons au coupable qui n'est plus, je le veux bien, mais gardons nos larmes
pour pleurer les honnêtes gens!

HENRY.

Oh! j'aimais peu M. de Faverolles, je devais même, il y a
quelques jours, me battre avec lui!

GÉRARD.

Ma nièce ne l'aimait pas davantage, va! (Sur un mouvement
d'Henry.) Oui, réjouis-toi, intrigant! en l'épousant, elle rem-
plissait un triste devoir... Mais, le jour où mademoiselle
Marthe d'Hauterive deviendra comtesse de Marsay, ce jour-
là, Henry, elle sourira à son voile de fiancée, car elle com-
prendra que la main tendue vers elle est la main d'un vrai
gentilhomme, et que le cœur qui doit battre auprès du sien
est un noble cœur!

Il lui tend la main.

HENRY.

Ah! mon ami!... mon frère!

GÉRARD, riant.

Ton oncle, malheureux! ton oncle!

SCÈNE II

LES MÊMES, puis MALICORNE.

MALICORNE, entrant; il est en gandin à tous crins.

Eh! le voilà! On m'avait bien dit chez lui que je le trouverais ici!... ce cher ami! Bonjour, mon cher Gérard! Tiens! de Marsay, vous allez bien?

HENRY, riant.

Merci!

GÉRARD.

Ah çà! que devenez-vous donc? Vous êtes invisible!

MALICORNE.

L'amour, messieurs, l'amour!

GÉRARD.

Bah!

MALICORNE, se balançant.

J'ai trouvé mon idéal, ma Frétillon, ma grisette!

HENRY.

En vérité!

MALICORNE.

La lune de miel, mes tout bons!... la lune de miel!

GÉRARD.

Et... quel quartier?

MALICORNE, pirouettant.

Chaussée d'Antin, 24. Une cage fraîchement décorée... un simple pied-à-terre.. Quand vous passerez par là, messieurs, je vous présenterai à Sydonie.. vous verrez quelle vraie femme! En voilà une qui ne pose pas comme les grandes cocottes! Elle a un cœur!

GÉRARD.

Nous en sommes convaincus... Et quelle affaire vous avait conduit chez moi?

MALICORNE.

N'êtes-vous pas mon banquier?

GÉRARD.

C'est juste!

MALICORNE.

Mon Dieu, je vais vous dire : je voulais meubler à Sydonie un petit logement... quelque chose de chic... elle n'a jamais voulu. « Faire de la dépense, des folies pour moi, je ne veux pas! » Bref, elle a refusé.

HENRY.

C'est très-bien !

GÉRARD.

Une délicatesse !

MALICORNE.

Oh ! mais, vous ne la connaissez pas !... Elle a un cœur !
« Narcisse, m'a-t-elle dit, savez-vous ce que ça vous coûte-
rait... un petit logement ? le savez-vous ? »

GÉRARD.

Voyons !

MALICORNE.

« D'abord, quatre mille francs de loyer... et encore, on n'a
pas grand'chose pour quatre mille francs ; enfin, mettons
quatre mille francs... Meubles, étoffes, tapis, quarante mille
francs ! tableaux, bronzes, objets d'art, vingt mille francs !
Total, soixante-quatre mille francs comme entrée de jeu. »

GÉRARD.

C'est évident !

MALICORNE.

« Au bout de trois ans, crac ! le propriétaire vous donne
congé. Il faut louer ailleurs ; les meubles, les tentures, les
rideaux, rien ne va plus dans le nouvel appartement ; il
faut renouveler tout ça, et ça vous fait vingt et un mille trois
cent trente-trois francs trente-trois centimes de loyer par an. »

GÉRARD.

C'est exorbitant !

MALICORNE.

« Narcisse, m'a-t-elle dit, réfléchissez, mon ami ! Ne vau-
drait-il pas mieux acheter tout de suite un petit hôtel ?... On
n'a pas de loyer à payer... et puis, on a la chance d'être
exproprié. » Ma foi, messieurs, son raisonnement m'a frappé,
et j'étais allé chez vous prendre cent cinquante mille francs,
pour acheter un petit hôtel à Sydonie ! (Criant.) Je ne veux
pas faire de dépenses pour les propriétaires, moi !

GÉRARD.

Vous avez bien raison, et vous avez eu la main heureuse.

MALICORNE.

Oh ! oui, je suis bien heureux ! Il y a tant de jeunes gens
qui se ruinent pour des femmes !... Faut-il être bête, hein ?

GÉRARD.

Pardon !... et l'hôtel sera acheté à son nom ?

MALICORNE.

Certainement !... Oh ! le jour où je me brouillerais avec elle, elle me le rendrait, allez !

GÉRARD.

A coup sûr !

MALICORNE.

Elle me dirait : « Narcisse, reprenez votre hôtel ! » Je la connais... Oh ! elle a un cœur !

GÉRARD, à part.

Ça lui en fait trois !

SCÈNE III

Les Mêmes, MARTHE, LOUISE.

LOUISE.

Gérard !

MARTHE.

Mon oncle !

Elles saluent Henry.

GÉRARD, présentant Narcisse.

M. Malicorne, un de mes amis... un homme heureux !

MALICORNE, saluant.

Mesdames !

On lui rend son salut.

GÉRARD, qui a écrit quelques lignes sur une feuille de son calepin, la détache et la donne à Malicorne.

Tenez, mon cher, ce mot pour notre caissier.

MALICORNE.

J'y vais !... Au revoir, messieurs !... mesdames !... (Il serre la main aux jeunes gens et salue les deux dames, en sortant.) Oh ! oui, mon cher, je suis bien heureux !... Elle a un cœur !

Il sort.

SCÈNE IV

GÉRARD, LOUISE, MARTHE, HENRY.

LOUISE.

Combien nous vous sommes reconnaissantes, monsieur de Marsay, de nous être resté fidèle dans ces pénibles circonstances !

HENRY.

Puis-je ne pas être touché, madame, de cette amitié que vous voulez bien me témoigner?

GÉRARD, légèrement railleur.

Ce cher Henry!... c'est vrai... il est venu tous les jours, guettant une occasion favorable pour...

LOUISE, étonnée.

Pour?...

GÉRARD.

Voyons, Henry, est-ce que tu n'as pas une communication... diplomatique à faire à ces dames? Allons, parle.

MARTHE, vivement.

Mon oncle!...

GÉRARD.

Ah! tu sais donc ce qu'il va dire?...

MARTHE, baissant les yeux et confuse.

Moi? Mais non!... Oh! que tu es ennuyeux!

LOUISE, à son frère.

Tu seras donc toujours fou!

GÉRARD.

Toujours! il n'y a que les fous qui fassent des choses raisonnables!

HENRY.

N'accusez pas Gérard, madame, car il m'a deviné.

GÉRARD.

Il parle, enfin!

HENRY, d'une voix émue, s'adressant à Marthe, qui peu à peu se rapproche de sa mère, et finit par être dans ses bras.

Oui, mademoiselle, et c'est en présence de madame votre mère que je veux vous dire tout ce qui se passe dans mon âme. Le jour où j'ai sauvé cette pauvre fille, ce jour-là, vous m'apparaissiez comme une divine récompense!... Vous êtes la fiancée que ma mère m'eût choisie... elle n'est plus là pour vous ouvrir ses bras en vous conjurant d'être sa fille... mais c'est en son nom que je voudrais vous dire: « Mademoiselle Marthe d'Hauterive, voulez-vous être la femme d'Henry de Marsay? Ne le repoussez pas, car sa vie est dans vos yeux; ne le repoussez pas, car il vous adore saintement et pour toujours. »

GÉRARD.

Voilà ce qu'il voudrait dire, mais il ne le dit pas.

5.

MARTHE, bas, à Louise.

Mère, c'est devant toi qu'il a parlé; mère, réponds-lui...
Moi... j'ai... comme si j'allais pleurer. Oh! ce n'est pas le
chagrin, va !

LOUISE, la pressant sur son cœur.

Monsieur de Marsay, Marthe vous répondra plus tard...
quant à moi, je serai heureuse de vous appeler mon fils.

HENRY, avec bonheur.

Ah! madame!... madame!

GÉRARD.

Peste ! tu auras là une jeune mère !

HENRY.

Marthe ! mademoiselle !... oh! laissez-moi croire que j'ai
deviné votre réponse.

GÉRARD.

Oui, tu l'as devinée... Eh bien, et mon consentement, à
moi?... Ah ! je te l'avais donné d'avance. Je me charge du
consentement de Rennepont .. je lui parlerai, et bientôt
nous reviendrons ensemble faire la demande officielle.

HENRY, ivre de joie.

Madame ! mademoiselle ! oh ! j'emporte une espérance
qui me rend fou !... Je ne suis plus orphelin, Dieu me rend
une famille.

Il sort.

GÉRARD, souriant.

A bientôt, mon neveu !

SCÈNE V

GÉRARD, LOUISE, MARTHE, puis JEAN, puis DENISE.

GÉRARD.

Charmant garçon ! A quand le mariage ?

LOUISE.

Cela dépend de Marthe !

MARTHE.

De moi ?...

GÉRARD.

Oh ! alors, demain matin !

MARTHE, étourdiment.

Eh bien, et le trousseau ?

GÉRARD, riant.

Ah! parfait!.. voilà répondre!

LOUISE.

Nous nous occuperons de cela dès notre retour.

GÉRARD.

Comment, vous partez?

LOUISE.

M. Rennepont est souffrant, il désire passer quelques jours à Hauterive.

GÉRARD.

Bah!

LOUISE.

J'ai même écrit à Madeleine de tout préparer au château; mais elle ne m'a pas répondu... je lui ai écrit trois lettres... Conçois-tu cela?

GÉRARD.

Tiens!

MARTHE.

Et nous sommes très-inquiètes, Madeleine est malade, peut-être.

GÉRARD.

Madeleine Touquet?... Allons donc! est-ce qu'elle a le temps?

JEAN, entrant.

Mademoiselle Denise fait demander si madame peut la recevoir.

GÉRARD, à part.

Denise!

MARTHE.

La pauvre jeune fille à qui nous avons donné de l'ouvrage; elle le rapporte sans doute.

LOUISE, à Jean.

Faites entrer!

GÉRARD, à part.

Diable!

Denise paraît, elle a un chapeau, sa mise est presque recherchée.

DENISE.

Mesdames...

LOUISE.

Approchez, mademoiselle! (A part.) Quelle toilette!

GÉRARD, à part.

Denise avec un petit chapeau!... une assiette !

DENISE, un peu troublée.

Je viens vous remercier, madame... et vous aussi, mademoiselle, de toute la bonté que vous avez eue pour moi ;
croyez que je ne suis point ingrate et que...

GÉRARD, à part.

Dieu me pardonne, elle a une robe de soie!...

DENISE.

Les dentelles que vous m'aviez confiées sont d'un grand
prix, j'ai voulu vous les rapporter moi-même... excusez-
moi...

MARTHE.

La maison ne vous est-elle point ouverte ?

DENISE.

Mademoiselle!

LOUISE, surprise.

Mais ce travail n'est pas même commencé !

DENISE.

Madame, c'est que...

LOUISE.

Eh bien ?

DENISE.

Je ne travaille plus !

GÉRARD, à part.

Parbleu! voilà !

LOUISE, se levant.

Ah! tant pis !

DENISE.

Madame...

LOUISE, froidement.

Vous auriez pu envoyer ces dentelles, mademoiselle, et
ne pas prendre la peine de venir vous-même... Viens,
Marthe.

MARTHE, étonnée.

Mère !...

LOUISE, regardant Denise.

Tu ne peux pas rester ici ; viens, te dis-je! (A part.)Malheu-
reuse enfant! Oh! c'est dommage !

Louise et Marthe entrent à gauche.

SCÈNE VI .

GÉRARD, DENISE.

DENISE, à part, pendant que Gérard conduit sa sœur et sa nièce jusqu'à la porte.

Comme elle m'a traitée!... Ah! oui, cette nouvelle tenue... cette toilette... je le comprends!

GÉRARD.

Comment, Denise! c'est toi?

DENISE, lui tendant la main.

Bonjour! comment ça va-t-il?... Tiens, comme vous me regardez! Est-ce que vous ne me connaissez pas ?

GÉRARD.

Si fait... mais je ne te reconnais plus.

DENISE, riant.

Ah! oui, cette toilette... Oh! mais cette robe-là ne me va pas bien!... il y a un défaut là... à l'épaule... C'est insupportable, ces couturières veulent tout faire à leur tête!

GÉRARD.

Tu as une couturière, toi ?

DENISE.

Ah! je ne fais plus mes robes moi-même... S'abîmer les doigts, merci !

GÉRARD, la regardant.

C'est de la soie!...

DENISE.

Oui. (Le regardant en face.) A qui la faute?

GÉRARD.

Ah! tenez! je n'aurais jamais cru cela de vous, Denise ! vous me faites de la peine!...

DENISE.

Ah! vous m'en avez fait aussi, allez!

GÉRARD.

Vous m'avez oublié bien vite!

DENISE.

Et vous donc ?... Ah! je vous aimais de tout mon cœur, en brave fille... j'étais si simple !... Imaginez-vous que les jours où vous deviez venir, j'étais comme folle! j'adorais cette petite chambre où je ne recevais jamais que vous! Ah!

(riant) comme j'étais sage!... j'étais honnête... je travaillais quatorze heures par jour, dans ce temps-là... Maintenant je fais travailler les autres, j'aime mieux cela; dame! qui donc m'a su gré de mon honnêteté, de ma sagesse? à quoi ça m'a-t-il servi ?

GÉRARD.

Enfin.. vous auriez pu... par votre conduite...

DENISE, riant.

Tiens! vous ne me tutoyez plus... Pourquoi ça ? Oh! vous pouvez me tutoyer... on me tutoie maintenant...

GÉRARD, avec colère.

Denise !

DENISE.

A qui la faute ?

GÉRARD, nerveux.

Ah !

Il marche de long en large dans la chambre en faisant claquer ses doigts.

DENISE.

Nous serons bons amis. Moi, je vous en ai voulu tant que je vous aimais; maintenant, oh! maintenant, je ne vous en veux pas du tout.

GÉRARD.

Ah! je vois bien que vous ne m'aimez plus; parbleu! c'est assez clair!

DENISE.

C'est égal! nous resterons amis, n'est-ce pas ? vous viendrez me voir quelquefois... Je demeure rue Saint-Georges, 45; seulement, ne venez pas les jours de courses.

GÉRARD.

Vous allez aux courses ?

DENISE.

Je n'en manque pas une. C'est amusant!

GÉRARD.

Du reste, vous êtes libre...

DENISE.

Tiens, je le sais bien, et j'en profite.

GÉRARD, avec force.

Tenez, Denise!...

DENISE.

Vous êtes en colère! vous m'en voulez! Ah! parce que je

suis venue chez madame votre sœur. Ne devais-je pas la
remercier pour la dernière fois. Je suis venue dans une
toilette très-simple, comme vous voyez!

GÉRARD.

Très-simple!... vous appelez cela très-simple, vous ?

DENISE.

J'ai même eu le bon goût de mettre mes bracelets dans
ma poche. (Elle les tire de sa poche.) Si vous étiez gentil, vous
m'aideriez à les rattacher.

GÉRARD.

Moi, que je...?

DENISE.

Mais pourquoi pas ?

GÉRARD.

Au fait, pourquoi? (Avec ironie.) Ils sont charmants, vos
bracelets...

DENISE.

N'est-ce pas?

GÉRARD, les secouant avec colère.

Très-jolis!... et d'un goût!...

DENISE.

Prenez donc garde! vous allez les casser. J'ai des broches,
des bracelets, mais je n'ai pas de boucles d'oreilles.

GÉRARD.

C'est fâcheux!... mais ça viendra.

Il attache toujours les bracelets.

DENISE.

Mes parents étaient de braves gens, des ouvriers qui tra-
vaillaient dur... et, comme ils n'avaient pas de diamants à
me donner, ils ont oublié de me faire percer les oreilles.
Tiens, comme votre main tremble!

GÉRARD.

Ma main? Pas du tout!... Ah! que la vôtre était jolie,
Denise!... et quelle bouche, et quels yeux vous aviez!

DENISE, riant.

Tiens, vous parlez de moi comme si j'étais morte! (Sé-
rieusement.) Après ça, vous avez raison, mon cœur est bien
mort!

GÉRARD.

Non, Denise, non; il n'est qu'endormi... Tu te trompes...
et moi aussi, je m'abusais en croyant ne plus l'aimer.

DENISE.

Comment!... vous...?

GÉRARD.

Eh bien, oui! c'est misérable, c'est lâche, mais je t'aime, entends-tu, je t'aime!

DENISE.

Ne dites donc pas de bêtises !

GÉRARD.

Denise! ma chère Denise!...

DENISE.

Prenez donc garde à ma robe.

GÉRARD.

Je t'aime comme autrefois, je le sens! Denise, retournons dans ta mansarde. Tout notre passé nous y attend, nous y appelle... Viens.

DENISE, froidement.

Il est trop tard !

GÉRARD.

Ah! vous avez raison, vous n'avez plus de cœur, vous n'en n'avez jamais eu.

DENISE, avec amertume.

Jamais ! non, jamais ! (Changeant de ton.) Ah ! faites-moi donc le plaisir de sonner, hein ?

GÉRARD.

Sonner... pourquoi?

DENISE.

Par discrétion, j'ai fait arrêter mon coupé devant le nº 8; je voudrais qu'on le fit avancer.

GÉRARD.

Votre... ?

DENISE.

Eh bien, oùi, mon coupé!...

GÉRARD.

Votre ..? (Il la regarde, puis va sonner. — Jean parait.) Jean, faites avancer le coupé qui stationne devant le nº 8.

Jean s'incline et sort.

DENISE.

Vous êtes bien aimable !

GÉRARD, la regardant.

De la soie! des bijoux! un coupé !

DENISE.

Cela vous étonne ?

GÉRARD.

Ah! les femmes! les femmes!

DENISE.

Vous m'accusez! Voyons, soyez donc raisonnable. Cette mansarde que vous regrettez aujourd'hui, c'est vous qui m'en avez chassée. Je vous ai aimé, ne vous demandant rien que votre amour; cet amour vous me l'avez repris. J'implorais votre pitié comme une aumône, et cette pitié, vous me l'avez refusée. Et maintenant, un caprice vous ramène à moi? Il est trop tard, vous dis-je. Les larmes viennent du cœur, Gérard. Vous qui m'avez tant fait pleurer, ne soyez donc pas surpris si mon cœur se dessèche.

JEAN, rentrant.

La voiture de madame est là !

DENISE, au domestique.

Merci, mon ami! (A part.) Il y revient, Madeleine avait raison! (A Gérard en reprenant son visage souriant et calme.) Sans adieu, mon cher Gérard! vous savez : Saint-Georges, 45... Venez me voir... (En sortant.) On prend le thé chez moi à minuit! adieu !

SCÈNE VII

GÉRARD, puis RENNEPONT.

GÉRARD, furieux.

Ah! c'est trop fort! Oui, oui, j'ai eu des torts... mais m'oublier si vite... Je lui avais rendu sa liberté, soit...; mais est-ce qu'elle devait en profiter?... Non! je serais revenu à elle... je l'aimais, je... Ah! imbécile!... je sens que je l'aime encore !

Rennepont entre lentement, il a l'air accablé et se laisse tomber sur un siége.

RENNEPONT, à lui-même.

Mais qu'ai-je donc fait de ce portefeuille?... de ce portrait?...

GÉRARD, allant à lui.

Rennepont!... Rennepont!...

RENNEPONT.

Hein! (Se calmant.) Ah! c'est vous, Gérard !

GÉRARD.

Oui, mon cher, et je voudrais vous revoir prochainement, avec une autre personne pour vous entretenir d'une affaire très-grave.

RENNEPONT, ému.

Très-grave! la... laquelle ?... Parlez...

GÉRARD.

Une affaire qui intéresse mon meilleur ami, M. le comte Henry de Marsay.

RENNEPONT, respirant.

Ah! je suis tout à vous, mon cher Gérard.

GÉRARD.

Merci, et au revoir! (A part.) Je vais prendre rendez-vous avec Henry, et, demain, nous ferons la demande. (Il va pour sortir et revient sur ses pas.) Oh! cette Denise!... et elle a osé me donner son adresse!... mais je n'irai pas!... je n'irai jamais !... Où est-ce donc déjà ?... Ah ! 45, rue Saint-Georges !

Il sort.

RENNEPONT, seul.

Ainsi toutes mes luttes, toutes mes souffrances pour désarmer cette destinée fatale, tout cela... tout cela n'a servi qu'à souiller ma main du sang d'un homme!... je l'ai tué!... Mon arme n'a fait que prévenir la sienne, et cependant, aux yeux de la loi, je suis un assassin!... Mon Dieu, vous qui m'avez abandonné, vous le savez bien pourtant; à cette heure terrible, l'amant avait disparu, c'était le père qui voulait sauver son enfant !... Moi, j'aurais laissé Marthe devenir sa femme?... elle lui eût appartenu, cet ange que depuis si longtemps j'adorais et respectais comme une sainte? il l'eût serrée dans ses bras, sur son cœur!... elle!... mon amour... ma vie?... Ah! misérable! essaye donc encore de te mentir à toi-même; ose donc prétendre encore que ce n'était pas l'amant, mais le père qui faisait justice !...

Louise entre.

SCÈNE VIII

RENNEPONT, LOUISE, puis MARTHE.

RENNEPONT, allant vivement à Louise.

Louise! eh bien, ces préparatifs... sont-ils achevés?

LOUISE.

Nous partirons bientôt... demain, si vous le voulez, mon
ami !

RENNEPONT.

Demain !... quel intérêt si grave nous retient encore à
Paris ?

LOUISE.

Aucun... Je croyais seulement que Gérard avait à vous
entretenir... d'une affaire...

RENNEPONT.

Oui, il me l'a dit... mais que ne parlait-il à l'instant ?

LOUISE.

C'est en présence d'une autre personne, d'un ami, que
cet entretien doit avoir lieu.

RENNEPONT.

Eh bien, qu'il vienne aujourd'hui, tout à l'heure, et nous
pourrons partir ensuite. Ici, l'air manque à ma poitrine, la
fièvre me consume... Ah! si vous saviez, Louise, si vous
saviez comme je souffre !

LOUISE.

Georges, écoutez. Écrivez à mon frère de venir aujour-
d'hui même avec son ami, je lui enverrai votre billet, et,
dans quelques heures, nous partirons.

RENNEPONT.

Bien ! dans un instant, je vous apporte cette lettre !

Il sort.

LOUISE, le regardant sortir.

Mais qu'a-t-il donc ?

Madeleine parait au fond, avec Marthe. Elle est pâle et se soutient à
peine.

SCÈNE IX

Les Mêmes, MARTHE, MADELEINE.

MARTHE, entrant.

Mère ! c'est elle !... la voilà enfin !

LOUISE, allant au-devant.

Madeleine !... Comme tu es pâle !... Qu'est-il donc arrivé ?... D'où viens-tu ?

MADELEINE.

Moi, madame ? J'venons de la prison !

LOUISE.

De la prison?

MARTHE.

Toi?

MADELEINE.

Y m'ont accusée d'assassinat.

LOUISE.

D'assassinat?

MADELEINE.

Y z'ont dit que j'avions tué M. de Faverolles, et, de fait, ils m'aviont trouvée auprès de lui quand étiont venu le jour. C'te masure où que le crime a été commis, c'est dans un désert... et, après que j'eusse appelé inutilement du secours, j'sommes restée toute la nuit près du corps à pleurer et... à prier..; sa main s'étiont raidie et serrait la mienne... si fort, que je ne pouvions plus la retirer. Ah! c'est ben affreux, allez, toute une nuit... près d'un mort... dans l'obscurité... les ténèbres!... Enfin, au matin, d'aucuns sont passés par là; y z'y sont entrés... Ma pauv' tête était quasiment perdue; je voyais ben comme ça des gens qui me regardiont... et qui s' disiont entre eux : « C'est elle! » mais j' comprenions point. J'étions de vrai comme un peu folle. « Faut appeler la garde, qu'on disait, » et y z'y ont été!... Les soldats m'ont emmenée... et puis une prison... une cellule... pus d' soleil... pus rien!... un prêtre qui me disait qu'y fallait me repentir... « Mais j' nons point à me repentir, moi, que je disais, j' nons jamais fait de mal à personne!... » Enfin, hier, y m'ont dit comme ça qu'on allait me mener devant queuqu'un qu'avait le droit de m'interroger... J'ons raconté à ce monsieur-là les choses comme elles s'étiont passées... et j'ous fini par y dire : « Voyez-vous, mon bon monsieur, faut point m'garder ici... j' sommes de la campagne, mé... j' sommes fermière. V'là qu' c'est bentôt l'heure d' la moisson, et ils ont besoin de mé, là-bas! faut préparer les repas aux travailleurs, faut faire la paye, faut aider aux meules... Et puis j' sommes fille, c'est vrai, mais j' sommes aussi comme qui dirait mère de famille... J'ons de la marmaille, mé, là-bas, mes frères et sœurs... faut que le p'tit Jacques aille à l'école, c' paresseux-là; et puis y a la p'tite Marie qui s'en va faire sa première communion... faut que j' soyons à l'église ce jour-là, sans quoi ça y porterait malheur, à c' t'enfant. Pour tout ça, voyez-vous, monsieur le juge, faut point me garder en prison. Là dedans, j'étouffons comme si que j'allions mourir, faut m' renvoyer, mon bon monsieur, faut m' renvoyer!... »

LOUISE.

Madeleine!... ma bonne Madeleine!

MADÈLEINE.

« Moi, avoir tué?... Demandez au père Mathias le mendiant, c'est mé qui fesont vivre les pauvres ed' chez nous... y m' disiont tous : «Bonjour, m'ame Madeleine, j'ons faim et soif. » et j' leur donnons l' pichet 'd' cidre et l' morceau d' pain. Est-ce qu'on tue les riches quand on fait vivre les pauvres?... » Enfin, ils m'ont dit que j'étions libre...Ah! je ne me le sommes point fait dire deux fois... et j'ons couru!... ah! fallait voir ça! et j' sommes venue à vous... J'ons ben fait, puisque vous pleurez, vous, madame, et qu'un baiser de cet ange-là attendait la pauv' Madeleine !

LOUISE.

Mais comment te trouvais-tu là, sur cette route?

MADELEINE.

J'avions touché de l'argent à Vanves et je m'en retournions; le chemin était mauvais, une grosse pierre a fait abattre Coco... Polyte, un garçon qui m'accompagnait et qu'a disparu, je ne savons comment, avait enfoncé la porte d'une masure pour demander un brin de secours; comme y ne revenait point, j' sommes entrée à mon tour; y faisait nuit noire et j' pris la lanterne d' ma voiture; v'là que, sus le seuil, y avait un homme : j' marchons dret sus lui, ma lanterne à la main, j' là plaçons comme ça tout près d' son visage...

Rennepont, qui est entré sur les derniers mots apportant sa lettre, se trouve face à face avec Madeleine; celle-ci pousse un cri; tous deux restent stupéfaits.

MADELEINE.

Ah!

MARTHE.

Madeleine !

LOUISE.

Qu'as-tu donc? Pourquoi la vue de M. Rennepont?

MADELEINE, regardant alternativement les personnages.

Rennepont!... M. Rennepont! (A part.) Son mari! son mari !...

MARTHE.

Eh bien, parle!...

MADELEINE.

Mé ?...J' n'ons rien ! c'est... c'est le souvenir, quoi! l'émotion de... et puis, j' vous l'ont dit... depuis la nuit où j'avions veillé le mort, j'ons comme çà des moments où j' sommes presque folle... mais j' nons rien! (Froidement.) Oh! en vérité de Dieu, madame, j' nons rien!

LOUISE.

Pauvre Madeleine! je comprends maintenant pourquoi tu ne répondais pas à mes lettres... Oui, tu les reverras bientôt, les enfants!

MADELEINE, regardant toujours fixement Rennepont qui ne l'a pas quittée des yeux.

Oui... oui... les enfants!

MARTHE.

Cela te fera oublier...

MADELEINE, même jeu.

Oublier?... Non... je le voyons, je le voyons toujours!

LOUISE.

Nous l'emmènerons avec nous... Le calme dont tu as besoin, c'est là-bas, près de nous que tu le trouveras! Nous partons aujourd'hui même... Je vais faire porter cette lettre et hâter notre départ.

Elle sort.

SCÈNE X

RENNEPONT, MADELEINE, MARTHE.

MADELEINE, après avoir guetté le départ de Louise.

Marthe!... Ce n'est point votre père!... et je pouvons tout vous dire, à vous!

RENNEPONT, la prenant par les deux mains.

Et que lui direz-vous?... Que je suis le meurtrier de M. de Faverolles? Eh bien, oui, je l'ai tué! je l'ai tué!

MADELEINE.

Il l'avoue!... Moi, si je ne l'avons point crié tout à l'heure c'est que j' n'avons point voulu tuer vot' femme! (A Marthe. J'nons point voulu tuer sa mère, à elle!

MARTHE.

Ainsi votre haine pour moi n'a point reculé devant un crime!

RENNEPONT.

Ma haine!... Oui, elle croit que je la hais! Eh bien, devant vous qui me savez coupable, devant cette femme témoin de mon crime, je parlerai! et quand, j'aurai tout dit, maudissezmoi encore... et qu'elle me dénonce si elle veut. Il y a quelques années, j'étais aux Pyrénées, à Saint-Sauveur, lorsqu'un jour, sur les débris fumants encore de leur chaumière, je vis de pauvres gens qui pleuraient. L'incendie, la ruine avaient passé par là... plus d'espérance, plus d'asile, plus de pain. Une jeune fille parut... Oh ! comme elle était belle dans ses larmes ! Je la vois... je la vois encore... cherchant vainement l'or qu'elle avait oublié... Je m'approchai, j'allais offrir tout ce que j'avais sur moi, quand elle détacha son collier, son bracelet, et, les tendant aux pauvres enfants et à leur mère : « Prenez, leur dit-elle !... tout cela est à vous ! prenez ! prenez ! »

MARTHE.

Monsieur !...

RENNEPONT, bas.

Oh ! vous vous rappelez, n'est-ce pas, vous vous rappelez?... (Haut.) Pourquoi, tous les soirs, suis-je revenu auprès de la maison qu'elle habitait... caché dans l'ombre ?... Pourquoi l'ai-je admirée des heures entières ? Pourquoi, quand elle chantait, me suis-je enivré de sa voix ? Je ne sais, mais je revenais tous les soirs à la même place, avide de ce poison divin qui brûlait mon âme !... Un soir pourtant, la fenêtre ne s'éclaira pas, la maison était silencieuse, la voix ne chantait plus... J'interrogeai en tremblant : elle était partie avec la parente qui veillait sur elle ! Ah ! je n'avais jamais aimé ; mais, ce jour-là, je comprenais tous les désespoirs, toutes les fièvres, toutes les tortures d'un premier amour ! Je la cherchais vainement, cette jeune fille, et, plus tard, pour mettre un abîme entre moi et ce souvenir, j'épousai madame d'Hauterive... La comtesse avait, d'un premier mariage, une fille qui terminait son éducation en province... bien loin !... Cette enfant, je la vis enfin !... Dieu puissant ! c'était elle !...

MADELEINE.

Elle !... c'était?...

RENNEPONT.

Dieu la jetait sur ma route, dans mes bras, et il me défendait de l'aimer ! il me confiait sa vie, son bonheur, et il me défendait de l'aimer !... Eh bien, malgré mes remords, malgré moi-même et malgré Dieu, Marthe, je vous aimais toujours !

MARTHE, se réfugiant dans les bras de Madeleine.

Ah ! protége-moi, Madeleine ! défends-moi !

MADELEINE.

Malheureux !

RENNEPONT.

Oh! oui, bien malheureux ! car, tu le sais, Marthe, quand tes bras se tendaient vers moi, je te repoussais; je te repoussais encore quand tu offrais ton front si pur à mes lèvres... et lorsque ce misérable Faverolles est venu réclamer la promesse de ton père, je lui ai offert tout ce que je possédais, et, il a refusé ! J'ai voulu jouer ma vie contre la sienne, et il a refusé!... Alors. le vertige m'a saisi; Marthe, la pensée de te savoir à un autre me rend fou, voilà pourquoi j'ai tué cet homme!

MARTHE, défaillante.

Henry !

MADELEINE.

Marthe! mon enfant, ne l'écoutez point !

Louise paraît à gauche.

LOUISE, entrant.

Qu'est-ce donc ?

MARTHE.

Ma mère !

MADELEINE.

Elle !...

RENNEPONT, à part.

Louise!

Henry et Gérard paraissent au fond.

SCÈNE XI

Les Mêmes, LOUISE, HENRY, GÉRARD.

GÉRARD, à Henry.

Tiens, voilà justement toute la famille assemblée.

MARTHE, voyant Henry. A part.

Lui!

MADELEINE, à part.

M. Henry!

GÉRARD.

Mon cher Rennepont, je vous présente l'ami dont je vous ai parlé ; M. le comte Henry de Marsay.

HENRY.

Pardonnez-moi, monsieur, si j'ose, avec l'assentiment de madame Rennepont, me présenter devant vous... Vous êtes le tuteur, le second père de mademoiselle d'Hauterive, et j'ai l'honneur de vous demander sa main !

MADELEINE.

Sa main ?

RENNEPONT, avec un mouvement qu'il ne peut réprimer.

Sa main ?

MARTHE, qui l'a observé. A part.

Oh ! il le tuerait !

MADELEINE, à part.

Allons, y seront heureux tous les deux !

MARTHE.

Monsieur de Marsay, ce matin, je ne vous ai pas répondu. Depuis, j'ai interrogé mon cœur, et j'ai reconnu que... ce mariage... est impossible !

Mouvement général.

TOUS.

Impossible ?

MADELEINE.

Quoi que vous dites donc ?

MARTHE, les yeux fixés sur Rennepont immobile.

Monsieur de Marsay, bien des jeunes filles seraient heureuses et fières de porter votre nom. Toute mon estime, je la garde à celui qui me jugeait digne d'être la compagne de sa vie ; mais je ne puis vous aimer .. je ne vous aime pas !

HENRY, avec une douleur profonde.

Ah ! Gérard ! Gérard !... Adieu donc, mademoiselle... pardonnez-moi mon rêve... il est fini... adieu pour toujours !

MADELEINE, qui pleure.

Vous le laissez partir ?... Oh ! non, ne le laissez point s'en aller avec désespoir !

MARTHE, bas et rapidement.

Il le tuerait comme il a tué l'autre !

MADELEINE, bas.

Le tuer !... lui ?... Ah ! je l'enverrions plutôt à l'échafaud !

ACTE QUATRIÈME

SIXIÈME TABLEAU

La Maison d'or. — Un grand salon commun. Porte au fond ouvrant sur un salon réservé. Cabinets à droite et à gauche, premier plan. —Porte d'entrée, à gauche, deuxième plan, dans un pan coupé.

SCÈNE PREMIÈRE

POLYTE, un Garçon, puis le Monsieur.

Polyte est habillé en gandin, et entre en faisant siffler son stick.

POLYTE.

Garçon! garçon! Ah çà! il n'y a donc pas de garçon ici? (Tirant les sonnettes.) Hé! la maison!

DES GARÇONS, accourant au bruit.

Voilà! voilà!

POLYTE.

Que diable! vous êtes donc sourds?

PREMIER GARÇON.

Monsieur désire souper?

POLYTE.

Oui... (Frappant sur la table avec son stick.) Là!... et d'abord, une bouteille de champ!...

LE PREMIER GARÇON

Immédiatement, monsieur. (Criant.) Sommelier une moët au grand salon!... (A Polyte.) Et le souper de monsieur?

POLYTE.

Apportez-moi de l'homard!

LE PREMIER GARÇON.

Plaît-il?

POLYTE.

De l'homard... une fricassée de poulet et de la crème au chocolat, et que ça ne traîne pas! allez!... Dites-donc, garçon, vous n'avez pas vu Lisa?

LE GARÇON.

Qui ça, Lisa ?

POLYTE.

La petite blonde, qui vient chanter là en bas tous les soirs.

LE GARÇON.

Ah ! oui, oui... je sais... Elle n'est pas encore venue.

POLYTE.

Quand elle arrivera, vous la ferez monter ; je veux lui acheter des chansons.

LE GARÇON.

C'est bien, monsieur... (Revenant.) Le champagne demandé !

Il débouche la bouteille.

POLYTE.

C'est bon ! n'oubliez pas la chanteuse !

LES GARÇONS.

Soyez tranquille, monsieur.

Ils sortent..

SCÈNE II

POLYTE, seul et buvant.

Voilà un vrai vin !... à la bonne heure ! ça vous dit bonjour en entrant !... Ah ! la Blonde va joliment être étonnée ! (Se regardant dans une glace.) « Bonjour, Polyte !.. plus que ça de chic, mon bonhomme ?.. Eh bien, merci !... t'as donc fait un héritage ? » Oui le v'là ! (Il tire de sa poche une liasse de billets de banque.) J'ai hérité dans la poche de ce monsieur sur la route de Vanves ! Ah ! oui, mais la Blonde va me demander d'où vient cette fortune-là !... Je lui dirai que je l'ai trouvé... rue de Rivoli. (Il boit.) D'abord je ne lui avouerai que mille francs... oui, c'est ça... je lui achèterai un bon châle... pour qu'elle *aye* pas froid... et puis des robes et un chapeau. (Il se verse encore.) Bah ! je lui avouerai deux mille... (Agitant la liasse de billets de banque.) En v'là des petits chiffons !... depuis que je les ai touchés, j'ai la fièvre aux doigts... je ne dors plus... je ne mange plus, mais je bois !... Si on allait me voler tout ça !... il y a tant de filous à Paris !... Oh ! mais moi, je me méfie... et je veille !... A votre santé, mes mignons !

Il élève son verre. On entend au dehors la voix de Lisa.

LISA, en dehors, chantant.

Plaignez, plaignez le sort des jeunes filles...

POLYTE, posant son verre.

C'est elle! c'est la Blonde! (La chanson continue un instant et s'arrête brusquement. Polyte cachant vivement ses billets.) Le garçon l'a prévenue... elle vient!... elle vient!... elle monte!

LE PREMIER GARÇON, entrant avec Lisa.

Tenez... voilà le monsieur qui vous demande.

LISA.

Un monsieur !... (S'approchant.) Polyte!

POLYTE.

C'est bon! laissez-nous. Je sonnerai pour l'addition! (Le congédiant par un geste noble.) Sortez, garçon!...

Le garçon sort.

SCÈNE III

POLYTE, LISA.

POLYTE.

Bonjour, la Blonde! As-tu faim?... as-tu soif?... Tiens, bois! (Il verse.) Bois donc!

LISA.

Toi!... c'est toi!

POLYTE, riant.

Eh oui! plus que ça de cachet! T'en aurais aussi, Lisa.

LISA.

Moi?

POLYTE.

Tu ne veux pas être une belle dame?... t'aimes mieux être fermière?... Eh ben, tiens, la Blonde! (Étalant fiévreusement des billets sur la table.) En v'là, des poules!.. en v'là, des moutons! et des arbres, des canards, et tout le tremblement! Ah! ah! ah!

Lisa lui touche le bras et le regarde; son rire s'arrête.

LISA.

Polyte!... d'où as-tu tout ça ?

POLYTE.

Moi!... d'où j'ai?... Ah! c'est bien simple, va!... Je passais rue de Rivoli... comme qui dirait vers deux heures du matin... faut croire que quelque banquier aura laissé tomber son portefeuille... alors, moi... je l'ai trouvé... je l'ai ramassé... et je l'ai empoché! J'aime pas voir traîner ces choses-là, moi!

LISA.

Mais... tu devais le reporter.

POLYTE.

Au banquier?... J'sais pas où qui reste.

LISA.

Non, chez le commissaire.

POLYTE.

Ah ! ouiche!... le commissaire!... fréquenter ces messieurs-là, ça porte malheur!... Je l'ai trouvé, c'est à moi! (Avec force.) C'est à moi!

LISA.

Polyte, tu es ivre!

POLYTE.

Eh ben, puis après?

LISA.

Tu as bu pour t'étourdir, pour oublier, parce que...

POLYTE, menaçant.

La Blonde!... prends garde!

LISA.

Ah! tu vois bien que j'ai deviné!... Polyte, cet argent-là, tu l'as volé! (Le regardant en face.) Tu l'as volé!

POLYTE.

Tais-toi donc! Eh ben, oui... mais c'est pour toi!

LISA, avec indignation.

Pour moi?

POLYTE.

Je ne veux plus que tu chantes... je ne veux plus que tu travailles... je veux que tu sois belle comme les autres, habillée comme les autres, heureuse comme les autres!... Ah! tu ne me trahiras pas, toi, la Blonde?

LISA, simplement.

Oh! non!... mais tout finit par se découvrir. Tu seras pris, on te mettra en prison, et moi, je ne pourrai même pas aller t'y voir une fois par semaine, puisque je ne suis pas ta femme... je ne te verrai plus, je serai toute seule... Ah! par bonheur que je n'en aurai pas pour longtemps, va!

POLYTE.

Toi?

LISA, douloureusement.

Je ne me porte déjà pas si bien!... j'ai toujours froid!...

tiens, touche-moi les mains!... j'ai des frissons qui ne me quittent pas... Il me faudrait du bonheur pour que je vive, et mon bonheur, c'est toi... quelque temps sans te voir, et ça sera fini joliment vite, va!... Toi à Mazas, moi à l'hospice, et je ne t'aurai pas même derrière la voiture qui m'emportera... tu seras en prison... et plus tard, j'aurai beau te chercher là-haut, comme t'auras volé, le bon Dieu ne t'y recevra pas!...

Elle pleure.

POLYTE, dégrisé.

Ah! je suis un misérable! t'as tort de m'aimer, je suis un lâche, un...

LISA.

Tais-toi!

POLYTE.

Eh ben, non! Lisa, je ne te ferai plus pleurer, oh! je te le jure bien cette fois. L'idée de ta mort, vois-tu, ça ne m'était jamais venue.. et c'est moi qui t'aurais tuée?... Oh! non, non... cet argent maudit... je... je le rendrai. Je redeviendrai un brave garçon! je ne veux pas que tu pleures! je ne veux pas que tu ailles à l'hospice, je veux que tu vives, Lisa! je veux que tu vives!

Il la serre dans ses bras et l'embrasse avec transport.

LISA.

Ah! je te crois maintenant!

POLYTE.

Ah! ça m'a fait bien mal de voir tes larmes, va, ma pauvre Blonde. (Serrant les billets.) Oui, je rendrai tout ça!

LISA.

Mais à qui?

POLYTE.

A qui? Je verrai... je chercherai... Il y a ce portefeuille et puis ce portrait qui était dedans avec le trésor.

LISA.

Un portrait?

POLYTE, le lui donnant.

Un portrait de femme, tiens!

LISA, le regardant.

Mon Dieu!... cette belle demoiselle qui est venue chez Denise!... Ah! je sais maintenant à qui appartient cet argent!... quel bonheur de pouvoir le rendre tout de suite!

POLYTE, la regardant avec tendresse.

Ah! ma chère bonne Lisa... comme t'as le cœur honnête, toi!.. comme je t'aime! (Il l'embrasse.) Ah! c'est bien drôle qu'une canaille comme moi t'aime surtout pour ton honnêteté!

LISA.

. Maintenant, tu travailleras, n'est-ce pas?

POLYTE.

Eh bien, oui!... oui, cette fois, c'est bien résolu... Ah! j'étouffais depuis quelques jours... à présent, je respire... Merci, la Blonde; tes larmes auront fait de moi un honnête homme.

LISA, l'entraînant.

Ah! c'est à présent que je suis heureuse!... Viens... viens, Polyte!

Ils sortent.

On entend au dehors des cris et des chants. Gérard, Narcisse, Sydonie, Fille-de-l'Air, Métella, Nini, le comte Ivanof, deux autres jeunes gens, entrent en scène. Sydonie est dans une toilette éblouissante. Gérard, qui entre le dernier, fume un cigare. Toutes les femmes ont des bouquets.

SCÈNE IV

GÉRARD, MALICORNE, IVANOF, SYDONIE, MÉTELLA, NINI, FILLE-DE-L'AIR, DEUX JEUNES GENS; ils entrent en dansant.

TOUS, chantant.

Part pour la Crète! (*bis*.)
Dzin la, la, la! dzin, dzin la, la !

Garçon! garçon!

SYDONIE.

A-t-on retenu le grand 8 ?

LE GARÇON.

Oui, madame!

MALICORNE.

J'ai commandé le souper ce matin et rien n'est prêt!... mais je meurs de faim, moi!

SYDONIE.

Moi aussi; Mabille m'a creusée!

LES FEMMES.

Et nous donc!

Le garçon ouvre la porte du fond, on voit une table servie, couverte de fleurs et éclairée aux bougies.

LE GARÇON.

Dix couverts!... Dans cinq minutes, ces dames seront servies.

IVANOF, à Malicorne.

Vous soupez donc tous les soirs, cher ?

MALICORNE, faisant du genre.

Oui cher, je soupe... c'est-à-dire nous soupons! c'est encore une économie à Sydonie. Toutes les nuits, je me grise comme un laquais... le lendemain, je suis malade... alors, je ne mange pas de la journée... ça ne fait qu'un repas par jour... c'est très-économique!

IVANOF, riant.

C'est juste!

MALICORNE.

O Sydonie, je t'aime!

SYDONIE.

Vous m'ennuyez!

MALICORNE.

Hein ?

SYDONIE.

C'est vrai, mon petit, vous êtes toujours dans mes poches! vous m'agacez! laissez-moi tranquille! Gérard, donnez-moi du feu!

Elle allume sa cigarette au cigare de Gérard.

MALICORNE, ravi.

Elle fume!... voilà une femme! toutes les qualités !

SYDONIE, à Gérard.

Tiens, qu'est-ce que vous avez donc, vous ?

GÉRARD.

Moi?.. Je n'ai rien!

SYDONIE.

Allons donc, mon cher... vous êtes d'un clair de lune!...

FILLE-DE-L'AIR.

Gérard est pincé !

MÉTELLA.

Gérard a des peines de cœur!

GÉRARD.

Moi!... D'abord, je n'ai plus de cœur !

MÉTELLA.

Bah! où l'as-tu laissé ?

GÉRARD, riant.

Un peu partout!

SYDONIE.

Ce que c'est de voyager !

FILLE-DE-L'AIR.

Tiens, Denise n'est pas encore venue.

MÉTELLA.

Elle va venir...

MALICORNE.

Oui, elle me l'a dit à Mabille.

GÉRARD.

Ah! elle va venir?...

SYDONIE.

En voilà une qui a de la chance !

MÉTELLA.

Elle a un fier succès !

MALICORNE.

Et une paire de chevaux!... deux trotteurs qui filent!...
c'est insensé !

SYDONIE.

Et un amour de voiture!... Ivanof, vous m'en donnerez
une pareille, voulez-vous?

IVANOF.

Oui, je veux bien !... Venez à Pétersbourg !

SYDONIE, fumant.

La patrie des engelures ? Merci! j'aime mieux Bougival!

GÉRARD.

Et quel est l'heureux mortel qui se ruine pour Denise?

SYDONIE.

Ah! c'est quelqu'un de très-riche... (Regardant Malicorne de
travers.) Il ne fait pas d'économies, celui-là !

MALICORNE, vexé.

Ah! j'aime bien ça!... mais j'y suis de trois cent mille
francs!

SYDONIE.

Vous m'ennuyez! voulez-vous deux sous?

MALICORNE, avec dignité.

Ah! Sydonie, c'en est trop !

SYDONIE.

Vous avez raison, mon bon, rompons, ça me va!

MALICORNE.

Nous séparer?... Comment! Sydonie, vous voulez me rendre le petit hôtel?...

SYDONIE.

Rendre le petit hôtel?... Oh! impossible, mon cher, la loi s'y oppose.

TOUS.

La loi?

SYDONIE.

Je suis mineure, la loi ne me permet pas de disposer de mes propriétés!

MALICORNE, avec admiration.

Comme elle sait son code!... voilà une femme!

GÉRARD.

Mais enfin... on ne le connaît donc pas, ce monsieur?

SYDONIE.

Quel monsieur?

GÉRARD.

L'amant de Denise!

FILLE-DE-L'AIR.

C'est un banquier.

TOUS.

C'est un banquier!...

GÉRARD.

Alors, à la fortune de Denise!

TOUS.

A la fortune de Denise!

DENISE, entrant.

Merci, mon cher Gérard!

GÉRARD, chancelant.

Denise!

SCÈNE V

Les Mêmes, DENISE, en toilette très-brillante.

TOUS.

Denise!... vivat!

NARCISSE, criant.

Hourra!

SYDONIE.

Mais taisez-vous donc !

DENISE, à Gérard.

Vous ne me donnez pas la main?... Ah! je sais... vous
êtes venu trois fois chez moi... je n'y étais pas!

GÉRARD, troublé.

Moi... je suis venu?.. Mais du tout, vous vous trompez!...

DENISE, parlant très-vite.

Pas le moins du monde, mon cher... je vous ai vu.

GÉRARD.

Ah! vous y étiez donc?...

DENISE.

J'étais avec ma couturière !

GÉRARD.

Vous êtes polie !

DENISE.

Vous êtes gentil, vous!... Je pars le 25 pour Hombourg.

GÉRARD.

Ah ! vous partez?...

DENISE.

Oui... et je fais faire des amours de robes... et mes petits
chapeaux, donc!... nous allons révolutionner l'Allemagne,
moi et mes petits chapeaux!.. Les femmes du monde
seront furieuses, ça sera charmant!... Eh bien, qu'est-ce
que c'est, mes enfants? on ne soupe pas, on ne rit pas, on
ne danse pas... Oh! comme il fait triste, ici!... Je vais au
café Anglais ! bonsoir, tout le monde!

Fausse sortie en ramassant sa robe.

TOUS, l'arrêtant.

On ne passe pas !

GÉRARD, avec amertume.

Je vous fais mon compliment, ma chère Denise!... quelle
métamorphose!... qui reconnaîtrait jamais en vous?...

DENISE.

La petite ouvrière d'autrefois!... Oh! vous pouvez le dire,
allez! je ne rougis pas d'avoir été honnête!.. Oui, mesde-
moiselles, oui, j'ai travaillé dix heures par jour! Je gagnais
vingt-cinq sous! la moitié de ce que je paye à ma femme de
chambre, le quart de ce que donne à mon cocher... Ah!
dame! on est si bête à vingt ans!

SYDONIE.

C'est bien vrai! (Regardant Narcisse.) On commence toujours
par une bêtise!

NARCISSE, à part, vexé.

A propos de qui dit-elle cela?

DENISE.

Oui... les bêtises du cœur !... On se dit : « Mon Dieu ! comme il m'aime, mon Ernest, mon Arthur, mon... (Regardant Gérard) n'importe qui ! » Et là-dessus, on achète deux chardonnerets, on plante des capucines sur sa fenêtre et on regarde les étoiles !... Et, une belle nuit, les illusions, Ernest, Arthur, les chardonnerets, les étoiles, tout ça file ! alors, on casse sa tirelire pour acheter un boisseau de charbon !... Quelle erreur, mes enfants !... Nous ne supposons pas, en allumant nos petits réchauds, le nombre de grands commerçants, de banquiers et de Crésus qui travaillent pour nous... honnêtes pères de famille qui entassent des billets de banque que leurs fils viennent changer dans nos boudoirs, et dont la monnaie s'envole ici en fumée... fumée de champagne, fumée d'ivresse, fumée d'amour, qu'importe !... C'est le plaisir qui nous pousse, après nous la fin du monde !

GÉRARD, avec ironie.

Denise, vous êtes superbe !

DENISE.

Vous trouvez ?... Merci, mon cher, vous êtes bien gentil !

GÉRARD, même jeu.

Et cette estimable franchise vous honore au dernier point !

DENISE.

Ma franchise?... Elle n'a pas grand mérite, allez !... car il n'est besoin, avec ces petits messieurs, ni de diplomatie, ni de ruse, ni de mensonge... Dites-leur bien franchement : « Ne me prenez pas, mon cher, je vous ruinerais, » et ils vous repondront tous et sur le même ton, par cette phrase toute faite : « Elle est adorable, ma parole d'honneur ! »

IVANOF.

Charmante! charmante! ravissante ! Denise, je mets à vos pieds ma fortune et mon cœur !...

DENISE.

Non! merci ! vous ne me connaissez pas, je vous ruinerais, mon cher !

IVANOF.

Elle est adorable, ma parole d'honneur !

DENISE.

Là! qu'est-ce que je vous disais?

GÉRARD, avec amertume.

Ah ! votre esprit s'est en effet singulièrement développé, Denise !

DENISE.

De l'esprit? Toutes les femmes en ont, mon cher ; seulement, chez la plupart, c'est le cœur qui l'étouffe !

GÉRARD, même jeu.

Mais chez vous?...

DENISE.

Ah ! chez moi, il n'y a plus de danger...

GÉRARD.

Vraiment?...

DENISE.

Je suis assurée.

GÉRARD, avec un mouvement de colère.

Ah ! c'est trop fort!...

NARCISSE.

Eh bien, est-ce que nous ne soupons pas?

GÉRARD.

Malicorne a raison!... Mesdames, à table!

HENRY, paraissant.

Oui, à table !

GÉRARD et NARCISSE, étonnés.

De Marsay !

Henry est pâle, il y a un certain désordre dans ses cheveux, dans sa cravate, dans sa toilette.

SCÈNE VI

LES MÊMES, HENRY.

HENRY, saluant.

Messieurs ! mesdames!... Oh ! pardon, je suis inconnu...

DENISE.

Attendez, mon cher!... Mesdames, je vous présente cent mille livres de rente... en terres... le reste au porteur !... Ah! pardon!... M. le comte Henry de Marsay !

LES FEMMES, avec une grande révérence.

Monsieur!...

SYDONIE.

Il est très-gentil !

MÉTELLA.

Et distingué !...

LES FEMMES.

Oh! oui !...

DENISE.

Maintenant, on demande des explications... Comment êtes-vous ici?

HENRY, avec une douleur contenue.

Tu t'étonnes de me voir ?... Pourquoi donc, Denise? Tu as pris ton parti en brave, mon enfant... Eh bien, je fais comme toi, parbleu !... A bas l'amour qui rougit les yeux !... ce sont les niais et les enfants qui pleurent!... L'amour, vois-tu, c'est la vie à outrance, c'est le cliquetis des verres, l'insouciance et l'oubli. (Prenant Sydonie dans ses bras) N'est-ce pas que j'ai raison, Denise?

GÉRARD, à part.

Pauvre Henry!... il souffre aussi, lui !

NARCISSE.

Pardon, mon cher, mais madame est avec moi !

HENRY.

Qu'est-ce que ça me fait, bourgeois?... Est-ce que tu serais jaloux, par hasard? Jaloux!... (Il éclate de rire.) Ah! ah ! ah !

NARCISSE.

Oui, je suis jaloux, moi !... Je suis un tigre!

SYDONIE, d'un ton railleur.

Un tigre, oui, né à la ménagerie... côté des singes!

NARCISSE.

Côté des singes?... Madame, prenez garde !

DENISE.

Mon cher Malicorne, avec vos airs d'Othello, vous gênez tout le monde... vous devriez vous en aller!... Allez-vous-en !

NARCISSE, criant.

Comment! que je m'en aille ?...

HENRY, tenant toujours Sydonie dans ses bras.

Qu'importe qu'elle te trompe !... On n'en meurt pas, va !... N'est-ce pas, Denise?

DENISE, regardant Gérard et riant.

On n'en meurt jamais!... n'est-ce pas, Gérard?

Gérard lui tourne le dos avec colère.

LE GARÇON, entrant avec des bouteilles de champagne.

Le champagne de ces messieurs!

HENRY.

Bravo! donnez des verres, versez le champagne, et vive
le plaisir!

TOUS, excepté Gérard.

Oui, vive le plaisir!...

NARCISSE.

Passez-moi une bouteille, il faut que je me grise.

DENISE.

Mesdames et messieurs, je demande la parole.

TOUS.

Accordée !

DENISE.

J'ai une primeur à vous offrir... une romance tirée de
l'album de l'Amour et dédiée aux dames!...

TOUS.

Bravo!

GÉRARD, à part.

Elle va chanter maintenant!

SYDONIE.

Silence !

NARCISSE.

Une, deux, trois!... allez, l'orchestre!

DENISE, un verre de champagne à la main.

La Jeune Fille embarrassée, romance!

AIR *nouveau d'Hervé.*

1

Mes amis, vous allez entendre
Un récit des plus attachants.
Un' jeun' fille avait un cœur tendre;
Elle avait aussi deux amants :
L'un artiste, l'autre agent d' change.
Il faut savoir pour qui notre ange,
Ricaricarique,
Ricara !
A la fin se décidera,
Ricaricarique,
Ricara !
Qui des deux elle choisira !

REPRISE ENSEMBLE.

Ricaricarique,
Ricara !
A la fin se décidera !
Ricaricarique,
Ricara !
Qui des deux elle choisira !

II

« Expliquez-vous, leur dit la belle.
— Moi, dit l'artiste, je suis fou,
Au point de m' brûler la cervelle...
Par malheur, je n'ai pas le sou !
— Mon bon ami, lui répond Rose,
L'amour est une belle chose,
Ricaricarique,
Ricara !
Mais mon terme qui le paîra ?
Ricaricarique,
Ricara !
Mais mon terme qui le paîra ? »

REPRISE ENSEMBLE.

III

L'agent de change était un homme
De cinquante à cinquant'-cinq ans,
Un peu gros, pas mal chauve ; en somme,
Il avait dix-huit cent mill' francs !
Que pensez-vous que fit notre ange?
Ell' prit l'artiste et l'agent d' change,
Ricaricarique,
Ricara !
Ça n'est pas plus malin que ça !
Ricaricarique,
Ricara !
Ça n'est pas plus malin que ça !

REPRISE ENSEMBLE.

Ricaricarique, etc., etc.

TOUS.

Vive Denise!

MALICORNE, une bouteille à la main.

Moi aussi, je veux chanter !

SYDONIE.

Ciel! il est gris!...

MALICORNE.

Quelque chose de nouveau... *La Femme à barbe !*...

TOUS, avec horreur.

Oh! !

LE GARÇON.

Le souper est servi!

SYDONIE.

Allons souper!

TOUS.

A table !

Reprise du refrain. Ils entrent pêle-mêle et en dansant dans le cabinet
du fond dont la porte se referme.

SCÈNE VII

GÉRARD, DENISE, puis MADELEINE.

Au moment où Denise va entrer dans le cabinet, Gérard se place
devant elle.

GÉRARD.

Vous n'entrerez pas là !

DENISE.

Pourquoi donc, je vous prie ?

GÉRARD.

Parce que... parce que je ne le veux pas...

DENISE.

Vous êtes fou !

GÉRARD.

Parce que je rougis pour vous de vous voir au milieu de
ces femmes.

DENISE.

Rougir!... à quel propos?... Toutes ces dames sont à présent mes amies... mes égales !...

GÉRARD.

Ne me dis pas cela, Denise! ne me dis pas que tu es
dégradée à ce point... Denise, est-ce que tu ne vois pas que
je t'aime toujours?

DENISE, avec contrainte.

Soyez donc raisonnable, mon cher... Bah! l'amour, nous
en avions pris le dessus du panier, le reste ne vaut pas qu'on
le regrette.

GÉRARD.

Mais tu ne vois donc pas que tu me désespères?...

DENISE, d'un air enjoué.

Ah! la scène des larmes!... Évitons-la, mon cher; elle a
été usée par Héloïse et Abeilard, qui avaient pris un brevet...
vous le savez bien!

GÉRARD.

Ah! je me souviens!... ces cruelles paroles, c'est moi qui te
les ai dites autrefois, quand je t'ai abandonnée... et, puisqu'elles t'ont fait souffrir à ce point que tu as voulu mourir,
pourquoi me les redis-tu, Denise, pourquoi me les redis-tu?

DENISE, avec énergie.

Pourquoi?... (Se calmant tout à coup.) Tenez, mon cher,
encore une fois, vous êtes fou. Adieu!

Elle se dirige vers le petit salon où l'on soupe.

GÉRARD.

Non! non!... tu n'iras pas!... tu...

DENISE.

Ah! pas de cris, pas d'éclat, pas de scandale, j'aime
mieux m'en aller tout à fait!

GÉRARD.

Denise!...

DENISE.

Bonsoir!

Elle se dirige vers la porte de sortie et se trouve en face de Madeleine.

DENISE et GÉRARD.

Madeleine!

MADELEINE, au garçon qui l'a suivie.

Tenez, mon gars, v'là d'aucuns qui me diront si celui que
je venons quérir est ben ici... (A Gérard avec inquiétude.)
M. Henry?

GÉRARD.

M. Henry?... Il est là!

Le garçon s'éloigne.

MADELEINE.

Ah! son domestique ne m'a pas volé m'n'argent; me v'là
pus tranquille et j'pouvons respirer un brin... (Elle s'assied.)
Tiens, t'étais donc ici, Denise? (Les regardant tous les deux.)
Ah çà! on se querellait donc quand je suis entrée?

DENISE.

Bah! des bêtises!... M. Gérard qui veut que je retourne à
ma mansarde, que je reprenne mon aiguille, mes ourlets et
ma candeur!

MADELEINE.

Ah çà! mon pauv' m'sieur Gérard, est-ce que vous l'aimeriez à c't' heure?

GÉRARD.

Moi?... Allons donc, je la hais!...

MADELEINE.

Vous l'aimez, que je vous dis...

GÉRARD.

Eh bien... eh bien, oui! quand je me souviens de nos beaux jours d'autrefois, quand je me rappelle son insouciante gaieté, nos courses folles dans les bois, nos serments tant de fois échangés, oui, je sens renaître mon amour; mais c'est le passé que j'aime, ce n'est plus la Denise qui est devant moi.

DENISE.

Le passé? Allons donc, Gérard, vous vous mentez à vous-même... Dans ce temps-là, j'étais à vous, rien qu'à vous; j'avais le dévouement de l'esclave, l'amour de la maîtresse, et vous faisiez fi de moi... « On ne me la dispute pas, disiez-vous; elle est donc sans valeur aux yeux des autres? Et puisque je suis seul à l'aimer... pourquoi donc l'aimerais-je?... » Et vous m'avez quittée!...

MADELEINE.

Mais, aujourd'hui, la v'là belle et pimpante... moins honnête, peut-être, mais courtisée, adorée comme une reine, et vous en êtes jaloux, et voilà que vous la r'aimez, quoi!

GÉRARD.

Eh bien, soit! oui, je l'aime, et cet amour est si grand, que je donnerais la moitié de ma vie pour qu'elle fût restée pure et pour avoir encore le droit de lui dire : « Denise, sois ma femme. »

DENISE, bas.

Sa femme, entends-tu, Madeleine? sa femme!

MADELEINE.

Eh! oui, sa femme! j'entends ben, quoi!

GÉRARD.

Mais, en la regardant, le mépris, je l'espère, triomphera de l'amour, je me dirai : « Elle est bien belle ainsi, mais ces éclatantes parures, ce n'est pas même à l'amour qu'elle les doit, car à l'homme de qui elle les tient, elle ne s'est pas donnée, la malheureuse, elle s'est vendue! »

DENISE, avec force.

Ce n'est pas vrai! ce n'est pas vrai! Vous mentez! vous mentez!

GÉRARD.

Vous oseriez soutenir...?

MADELEINE, avec force.

All' soutient que vous mentez, et je l' soutenons aussi! Regardez mé donc en face... Est-ce que j' sommes une fille perdue, une femme sans honneur, mé?... Eh ben, j'y tendons la main, et je l'appelons ma sœur!... osez donc répéter que ma sœur s'étiont vendue!...

DENISE, dans ses bras.

Ah! Madeleine! Madeleine!...

GÉRARD.

Mais ce luxe... ces toilettes?...

MADELEINE.

Ces toilettes, c' n'est point l'argent d' la honte, entendez-vous! c'est l' rude travail d' not' ferme qui les a payées, et, si Denise les porte, c'est vous qu'en devez rougir, cœur misérable et lâche, puisque, pour vous ramener, il a fallu tous ces oripiaux-là!...

GÉRARD.

Quoi! c'est vous... vous qui...? Ah! Denise, par grâce, par pitié, un mot, un seul...

DENISE.

Madeleine a dit vrai, Gérard, je n'ai jamais aimé que vous!

GÉRARD, s'élançant vers elle.

Eh bien, oublie le passé et je te jure qu'à l'avenir...

MADELEINE, avec dignité et l'arrêtant du geste.

La Denise du passé est morte, et vous l' savez ben, vous qui l'avez tuée!... celle qu'est ici devant vous, c'est mé qui l'y servons de mère, et, si vous la voulez, c'est à Madeleine Touquet qu' vous viendrez la demander pour femme.

GÉRARD, s'inclinant.

Demain, Madeleine, j'irai vous demander sa main, demain, Denise, tu seras ma femme!

DENISE, chancelante.

Sa femme!... moi... sa fem...

MADELEINE et GÉRARD.

Denise!...

DENISE.

Oh! ce n'est rien !... la joie, le bonheur... Ah! je suis bien
heureuse !

MADELEINE, soutenant Denise.

A demain, monsieur Gérard !

GÉRARD.

A demain, Madeleine !... Chère Denise, à demain !

Il sort.

DENISE.

Ah! Madeleine !... c'est toi qui m'as sauvée!

SCÈNE VIII

Les Mêmes, trois Messieurs vêtus de noir; un Garçon.

LE PREMIER MONSIEUR.

Faites appeler M. de Marsay.

Le garçon entre dans le cabinet du fond.

MADELEINE.

Quèqu' c'est que ces gens-là ?

TOUS, au fond, au moment où la porte se rouvre toute grande.

De Marsay !... on demande M. de Marsay !

HENRY, quittant la table.

C'est à moi, que vous désirez parler ?

LE MONSIEUR.

Oui, monsieur ; ne deviez-vous pas avoir une rencontre
avec M. de Faverolles ?

HENRY.

En effet!

LE MONSIEUR.

Je regrette d'avoir à vous annoncer, monsieur le comte,
qu'une grave accusation pèse sur vous.

HENRY.

Sur moi?

MADELEINE et DENISE.

Une accusation ?

LE MONSIEUR.

M. de Faverolles était votre rival, et, la veille du jour où il
devait se battre avec vous, M. de Faverolles a été assassiné.

7.

HENRY.

Et c'est moi qu'on soupçonne?... Infamie !

DENISE.

Entends-tu, Madeleine ?... lui, lui, accusé !

MADELEINE.

Oui, mais j'sommes là pour le sauver, mé!

LE MONSIEUR.

Veuillez nous suivre, monsieur.

MADELEINE, avec énergie.

Oh ! à c't' heure, à nous deux, M. Rennepont !

ACTE CINQUIÈME

SEPTIÈME TABLEAU

Le jardin de l'hôtel Rennepont. — Un pavillon à gauche. — Table et
chaises de jardin.

SCÈNE PREMIÈRE

MARTHE, LOUISE, GÉRARD.

Au lever du rideau, Marthe est endormie dans un grand fauteuil ; Gérard
paraît au fond.

LOUISE.

Ah ! c'est toi, enfin !

GÉRARD.

Je reçois ta lettre à l'instant... et j'accours. Qu'y a-t-il ?

LOUISE, lui montrant Marthe.

Regarde.

GÉRARD.

Mon Dieu ! cette pâleur !... Que s'est-il donc passé ?

LOUISE.

Hier, après avoir refusé M. de Marsay, Marthe, restée
seule avec moi, m'a regardée avec une fixité qui m'effrayait ;
puis, tout à coup, je l'ai vue chanceler... Je l'ai prise dans
mes bras... Alors une crise terrible s'est déclarée... une
fièvre ardente, un délire affreux !... Ah ! Gérard, quelle
nuit ! Mon enfant est perdue !...

GÉRARD.

Quelle pensée !

LOUISE.

Un secret la tue, te dis-je !... Elle a un secret... pour moi...
sa mère... Ne me quitte pas ! ne nous quitte pas, mon frère !

GÉRARD.

Qu'a dit le docteur ?

LOUISE, montrant une table où se trouve un encrier et du papier·

Il a écrit une ordonnance... il a recommandé le plus grand calme, mais il n'a pas trouvé un mot pour rassurer mon cœur.

MARTHE, agitée, rêvant.

Henry!... Henry!

LOUISE.

Le nom de M. de Marsay, tu l'entends!... de M. de Marsay, qu'elle a repoussé et qu'elle appelle.

MARTHE, de même.

Ne partez pas!... protégez-moi!... défendez-moi!... Ah! Henry... Henry!...

Elle ouvre les yeux et regarde autour d'elle.

LOUISE, allant à elle.

Mon enfant!

GÉRARD, de même.

Marthe!

MARTHE.

C'est vous?... Oh! mes anges gardiens!

Elle leur tend les mains.

GÉRARD.

Tes anges... que tu fais pleurer, méchante enfant!

MARTHE, d'une voix douce.

Moi?

GÉRARD.

Regarde ta mère.

LOUISE, la prenant dans ses bras.

Marthe! ma fille bien-aimée... aie pitié de moi... ouvre-moi ton cœur... comme quand tu étais toute petite... Tes premières larmes, tu les pleurais dans mes bras... Que t'ai-je fait pour que tu me caches tes douleurs?... Est-ce que tu ne m'aimes plus, Marthe?

MARTHE, avec âme.

Moi!... moi!

GÉRARD.

Voyons! mon pauvre Henry m'a supplié d'être son défenseur auprès de toi.

MARTHE, avec un mouvement.

M. de Marsay!

GÉRARD.

Ne me réponds pas encore! Songe qu'il est malheureux,
désespéré; songe qu'il pleure, lui aussi, de t'avoir perdue...
Marthe, tu étais heureuse de cet amour!

MARTHE, avec désespoir.

Oh! oui, j'étais bien heureuse, alors; mais depuis...

GÉRARD.

Je t'en conjure... parle-nous... ouvre-nous ton âme...

LOUISE.

Et moi aussi, Marthe, je te supplie... je te supplie à mains
jointes!

GÉRARD.

Ah! il y a une larme dans tes yeux... Tiens, je cours, et,
dans deux minutes, Henry sera là, à tes pieds.

Fausse sortie.

MARTHE, avec force, se levant.

Non! je ne veux pas! je ne veux pas!

GÉRARD.

Mais tu l'aimes, malheureuse enfant!

MARTHE.

Je ne serai jamais sa femme, je le jure! Ma dernière parole est irrévocable!... notre adieu est éternel!

LOUISE.

Et, en disant cela, tu trembles... ta main est brûlante!...

GÉRARD.

Eh bien, je veux que tu le dises encore cet adieu... je
veux qu'Henry revienne dans cette maison, je veux...

MARTHE, avec un cri.

Mais vous voulez donc le tuer?

GÉRARD et LOUISE.

Le tuer?

MARTHE.

Ah! si vous saviez... si vous pouviez comprendre!...

LOUISE.

Le tuer?... Ah! le voilà peut-être, ce secret qu'elle nous
cache... Marthe, aie confiance... parle-moi... est-ce que ta
vie n'est pas la mienne?...

MARTHE, regardant sa mère, à part.

Parler!... tout lui révéler... à elle... briser son cœur?...
Non... jamais! (Haut.) Je n'ai rien... je n'aime personne... je
suis heureuse!... je vous jure que je suis heureuse!

Elle pleure et retombe assise. Jean paraît.

LOUISE.

Que me veut-on ?

JEAN.

Il y a là une pauvre jeune fille qui insiste pour parler à madame.

LOUISE.

Je ne puis... je ne veux recevoir personne.

MARTHE.

Oh! mère, c'est peut-être une infortune qui vient à toi ! Tu n'as pas le droit de chasser ceux qui souffrent.

LOUISE.

Quoi, tu veux...?

MARTHE.

Je t'en prie !

LOUISE.

Eh bien, amenez cette jeune fille !

JEAN.

Elle désire parler à madame... seule.

LOUISE, étonnée.

A moi?

MARTHE.

Ton bras, mon oncle... car je suis bien faible, va !... mais, demain, je serai forte !

> Louise fait signe à Jean d'introduire.

GÉRARD, la soutenant.

Je veux aussi que tu sois heureuse !

MARTHE.

Heureuse!... moi!... Ah! Dieu m'a condamnée !

> Elle sort au bras de Gérard.

SCÈNE II

LOUISE, LISA LA BLONDE.

LOUISE, suivant sa fille du regard.

Pauvre Marthe! (Elle s'essuye les yeux. Lisa paraît, Jean se retire.) Que désirez-vous de moi, mon enfant ?

LISA, avec le plus grand trouble.

Oh! madame!... on vous dit si bonne... si humaine... il fallait tout ça pour me donner le courage de venir auprès

de vous et de vous dire... Ah! mon Dieu!... si vous alliez le
dénoncer, si vous alliez le perdre... Oh! madame, madame,
voilà que je n'ose plus, maintenant!

LOUISE, avec douceur.

Allons, remettez-vous. De quoi s'agit-il?

LISA.

Eh bien... madame... il s'agit d'un...

LOUISE.

Vous hésitez... vous tremblez...

LISA. .

Oh! c'est bien cruel à dire, madame, c'est bien cruel à
avouer, allez, que celui qu'on aime à commis un vol.

LOUISE.

Un vol?...

LISA, vivement.

Mais il est bien repentant, et ceux qui se repentent, on
dit que Dieu les aime et leur pardonne... vous ne pouvez
pas être plus sévère que Dieu!... Il pleure sa faute, lui, et
la preuve, c'est que je vous rapporte ces billets. Oh! ils y
sont tous... on peut les compter!

Elle les donne à Louise.

LOUISE.

Des billets de banque!... mais vous vous trompez, mon
enfant!

LISA.

Oh! non, madame, je ne me trompe pas!

LOUISE.

Ces billets... qui vous dit qu'ils soient à nous?... Comment se serait-on introduit dans l'hôtel pour les voler?

LISA.

Oh! pour sûr, ils ne peuvent appartenir qu'à une personne
de votre famille... puisqu'avec eux se trouvait le portrait de
cette bonne demoiselle, mademoiselle Marthe... votre fille.

LOUISE.

Le portrait de Marthe!

LISA.

Le voici, madame!

LOUISE, le regardant et cherchant dans ses souvenirs.

Oui... Mais ce portrait... je me souviens... c'est celui
que le comte avait envoyé à M. de... (Appelant.) Gérard!...
Gérard!...

LISA, avec inquiétude.

Oh! madame!... il est repentant, lui!... Ne le perdez pas!... C'est à vous seule au monde que je me suis confiée!

LOUISE.

Ne craignez rien, mon enfant! Non, je ne trahirai pas votre confiance...

Gérard paraît.

SCÈNE III

LES MÊMES, GÉRARD.

LOUISE, allant à Gérard.

Gérard! il se passe quelque chose de bien étrange! Voilà ce que m'apporte cette jeune fille... des billets, dit-elle, soustraits à quelqu'un des nôtres!... avec ces billets, se trouvait le portrait de Marthe. Eh bien, ce médaillon, je le reconnais, il a été envoyé autrefois par le comte d'Hauterive au baron de Faverolles...

GÉRARD.

Qui donc a volé ces billets?

LOUISE.

Le fiancé de cette jeune fille.

LISA, vivement.

Oh! il se repent, monsieur... c'est lui qui m'a dit de tout rapporter... (Pleurant.) Ne le faites pas arrêter ; ayez pitié, monsieur, ayez pitié!

GÉRARD.

Malheureuse enfant, tu l'aimes?

LISA.

Oh! oui!

GÉRARD.

Eh bien, pauvre fille, celui que tu aimes, celui qui a volé ces billets, ce portrait... celui-là n'est pas seulement un voleur, c'est un assassin!

LISA, la main sur le cœur.

Oh!... oh! pour ça, non!... Ne le croyez pas, monsieur!... Lui! un assassin?... Oh! c'est pas vrai, c'est pas vrai!

GÉRARD.

Ce portrait appartenait à M. de Faverolles, qui a été tué, et c'est sur son cadavre qu'il a été volé!

LISA.

Et moi, je vous dis que ce n'est pas lui qui a tué M. de
Faverolles!... Mais, s'il avait commis ce crime, est-ce qu'il
se serait dénoncé lui-même en rendant ces billets?... est-ce
qu'il aurait osé m'accompagner jusqu'ici?... car il est là,
monsieur, et je cours l'appeler... Je veux qu'il se justifie, et
il se justifiera, allez. (Appelant.) Viens! viens!

GÉRARD.

En effet, il n'aurait point osé...

LISA.

Viens! mais viens donc!

SCÈNE IV

Les Mêmes, LISA, amenant POLYTE.

LISA, avec force.

Tu ne sais pas de quoi on t'accuse?... Ils disent, que pour
voler cet argent, ce portrait... tu as tué... entends-tu?

POLYTE.

Moi?

LISA.

Oui!... parle!... mais parle donc!

POLYTE, d'une voix tremblante.

On m'accuse d'un assassinat? Oh! v'là le châtiment qui
commence! moi! un misérable assas...? Madame, monsieur, oui, j'ai obéi à une mauvaise pensée... c'est vrai que
je suis un voleur... un voleur indigne de pardon et de pitié...
mais avoir assassiné?... Oh! regardez-moi bien! Je pleure et
je me repens d'avoir volé, mais je n'ai pas l'air d'un meurtrier, n'est-ce pas, madame? N'est-ce pas, Lisa, que je ne
suis pas un assassin?

LISA.

Oh! je te crois, moi, je te crois!

Elle lui serre la main.

GÉRARD.

Mais alors... à qui donc as-tu pris ce portrait, ces billets
de banque?

POLYTE.

Ah! j' sais pas!... C'était tout près de Vanves.

LOUISE, à son frère.

C'est là que M. de Faverolles a été tué.

POLYTE.

Not' voiture avait versé !... J'aperçois une masure où je voulais demander du secours, j'enfonce la porte, et je vois un homme qui comptait des billets ; alors, la tentation m'a pris, je pensais à Lisa, qu'est si faible et si pauvre, je me disais : « Comme elle serait heureuse avec ça... » Je voulais résister, je voulais combattre, mais je ne pouvais plus... c'était plus fort que ma volonté... et, quand l'homme s'est enfui, j'ai couru après lui... je l'ai suivi... Arrivé à la barrière, il s'est arrêté comme pour respirer, j'ai pu m'approcher de lui, et... adroitement, sans qu'il s'aperçût de rien... j'ai... Le reste, vous le savez, madame, et je vous jure que je voudrais le racheter avec mon sang !

GÉRARD.

Mais... tu ne sais donc pas ce que cet homme venait d'accomplir dans cette maison ?

POLYTE.

Non !

LOUISE.

Vous ne savez pas non plus qui était cet homme ?

POLYTE.

Non !... Le portrait était dans un portefeuille... mais dans ce portefeuille pas un papier... rien qui puisse dire... Ce portefeuille, je te l'ai donné, Lisa.

LISA.

A moi ?... Non !

POLYTE, se fouillant.

Non ?... Eh ben, alors... Ah ! le voici ! rien... que deux lettres imprimées sur la couverture.

GÉRARD.

Des initiales... cela peut mettre sur la trace.

POLYTE.

Et puis une espèce d'écusson.

GÉRARD.

Des armoiries !

POLYTE.

Tenez, monsieur, tenez... regardez !

GÉRARD, regardant.

Qu'ai-je vu ?

LOUISE, qui a regardé le portefeuille avec stupeur.

Mon Dieu !

GÉRARD, lui saisissant la main.

Louise !

POLYTE.

Eh bien, monsieur, je vous ai dit toute la vérité... et maintenant...

GÉRARD, très-troublé.

Maintenant, on ne vous accuse plus!

LISA, avec joie.

Ah!

LOUISE, bas.

Ce serait lui, Gérard ?

GÉRARD.

Silence! (A Polyte et à Lisa.) Allez! éloignez-vous... Il ne vous sera rien fait... mais partez!... partez!

LISA, à Polyte.

Ah! je savais bien que tu n'étais pas coupable d'un meurtre.

GÉRARD.

Allez! allez!

Lisa et Polyte sortent.

SCÈNE V

LOUISE, GÉRARD.

LOUISE.

Un pareil crime...

GÉRARD.

Est impossible! pourquoi l'aurait-il commis?

LOUISE.

Eh!... le sais-je?.. Tout n'est-il pas mystère autour de moi!... Cette haine pour ma fille! Marthe qui acceptait la main de M. de Marsay et qui refuse à présent d'être sa femme!... mon enfant qui se meurt de désespoir et qui refuse de parler!... Oh! maintenant, je veux la voir... Elle parlera, Gérard, elle parlera!

Elle s'élance au dehors.

GÉRARD.

Louise! Louise!

Il va la suivre, quand Madeleine paraît.

SCÈNE VI

MADELEINE, GÉRARD.

MADELEINE.

M'sieu Gérard!

GÉRARD.

Madeleine!... Écoutez, Madeleine! on dit que, dans cette nuit terrible où le crime a été commis, vous avez vu le visage de l'assassin.

MADELEINE, avec une énergie contenue.

Oui, j' l'ons vu!

GÉRARD.

Eh bien, vous vous êtes retrouvée depuis en présence de cet homme, et vous le connaissez, maintenant.

MADELEINE.

C'est pour lui parler que j' sommes ici! j' lons fait appeler, il va venir!

GÉRARD.

Attendez-le donc!... Dans un instant, moi aussi, je viendrai lui parler.

Il sort.

SCÈNE VII

MADELEINE, seule.

Oui, j' l'attendrons!... Madeleine, c'est la vie et l'honneur de ce brave jeune homme que t'as entre les mains... c'est aussi la vie de Marthe d'Hauterive qu'il faut sauver!... (Rennepont paraît. A part.) Le v'là!

SCÈNE VIII

RENNEPONT, MADELEINE.

RENNEPONT.

C'est à moi que vous voulez parler?

MADELEINE, d'une voix grave.

A vous, oui! et c'est d'une chose ben grave et ben triste qu'y s'agit.

RENNEPONT.

Je vous écoute!

MADELEINE.

La justice, qui m'aviont rendu la liberté, a cherché un autre coupable, et...

RENNEPONT.

Et elle est sur ma trace?

MADELEINE.

Non ! ses soupçons s'étiont portés sur un autre... qu'es innocent aussi, lui, et vous le savez ben !...

RENNEPONT, avec force.

Un autre arrêté, emprisonné à ma place? (Avec résignation.) Allons, c'est mon arrêt de mort !

MADELEINE.

Ah ! vous le sauverez donc !... mais... pour ça, faudra vous livrer vous-même.

RENNEPONT.

Tant que j'ai pu épargner la honte à ceux qui me sont chers, je l'ai fait; mais laisser condamner à ma place un homme innocent !... Une pareille infamie serait mille fois plus odieuse que le crime que j'ai commis. Je suis prêt à me dénoncer !

MADELEINE.

Pour c't' action-là, monsieur, que l' bon Dieu vous fasse miséricorde !

RENNEPONT.

Mais quelles preuves, quels indices ont pu motiver une arrestation ?

MADELEINE.

M. de Faverolles devait se battre, et y prétendiont que c'est pour éviter le duel, pour s' défaire d'un rival, que M. Henry de Marsay l'auriont tué !

RENNEPONT.

Henry de Marsay! lui qui m'a demandé la main de Marthe et qui est aimé d'elle !...

MADELEINE, troublée.

Aimé d'elle !... mais vous savez ben qu'elle l'a refusé, et ça... devant vous, devant tous !

RENNEPONT.

Et maintenant, elle le regrette, elle le pleure, elle l'appelle dans le délire de la fièvre... Et c'est lui que je justifierais pour qu'elle lui appartînt !...

MADELEINE.

Faut-y que, pour l'innocenter, ça soye moi qui vous livre?

RENNEPONT.

Toi?

MADELEINE, avec force.

Ah! vous croyez que je ne l' ferions point?... vous croyez que je m' tairons toujours par respect pour vot' femme?...

Mais sa fille se meurt, on accuse un innocent, et je voulons les sauver tous les deux ! Comprenez-vous maintenant que j'sommes prête à lutter contre vous, à vous traîner devant les juges, et à leur crier : « Le coupable, le voilà ! C'est ben lui, je l'ons vu, et l' sang qu'il a versé, j' l'ons encore tout fumant sur les mains. »

RENNEPONT, qui a courbé la tête, la relevant lentement.

Et quel témoignage pourriez-vous invoquer contre moi ? Quelles preuves avez-vous de mon crime ?

MADELEINE, atterrée.

Des preuves ?...

Louise s'avance pâle comme une statue et lui met sous les yeux le portefeuille et le médaillon.

LOUISE.

Les preuves, les voilà !

Gérard paraît.

SCÈNE IX

Les Mêmes, LOUISE, GÉRARD, puis MARTHE.

RENNEPONT.

Louise !... Ah !

Il regarde le médaillon et chancelle.

GÉRARD, bas.

Ce médaillon, ce portefeuille... c'est au meurtrier de M. de Faverolles qu'ils ont été soustraits.

LOUISE.

Ah ! je la comprends, maintenant, je la comprends bien votre haine pour ma fille !... (Marthe paraît et va à sa mère, qui la cache presque dans ses bras.) Mon enfant !... Oh ! qu'il ne te voie pas !

RENNEPONT, à part.

Elle sait tout ! (Il regarde autour de lui, va à la table, écrit et lit à mesure.) « C'est moi, moi seul qui, le 12 juillet, sur la route de Vanves, ai tué M. de Faverolles. » (Il prend le papier et le tend silencieusement à Madeleine. D'une voix lente et émue.) Mademoi-selle d'Hauterive, bientôt vous serez la femme du comte de Marsay. (Faisant un pas vers Louise.) Louise !... (Elle se détourne avec douleur.) Oui... oui !... son mépris !... leur mépris à tous ! (Il cache sa tête dans ses mains et pleure. Bas, à Gérard.) Gérard, le prêtre, à l'heure de l'expiation, embrasse le condamné... Gérard, Dieu me jugera tout à l'heure... ne me donnerez-vous pas la main ? (Gérard lui donne la main.) Ah ! merci !... Veillez sur Louise !... veillez sur elles !...

Il s'élance dans le pavillon.

LOUISE.

Mon Dieu! que va-t-il faire?

GÉRARD, avec douleur.

Louise!... Il le faut! il le doit!... Le malheureux va mourir!

TOUS.

Mourir?

LOUISE.

Mourir?... Non!... je ne veux pas! je ne veux pas!

MARTHE.

Ma mère!

On entend un coup de feu.

LOUISE et MARTHE.

Ah!

MADELEINE, les yeux au ciel, à genoux.

Seigneur! ayez pitié!... ayez pitié!...

FIN

Imprimerie L. TOINON et Cie, à Saint-Germain.

EN VENTE CHEZ LES MÊMES ÉDITEURS

PIÈCES DE THÉÂTRE, BELLE ÉDITION, FORMAT GRAND IN-18 ANGLAIS

Bégaiements d'amour, opéra comique, 1 ac. 1 »
Marie de Mancini, drame en 5 actes.....
Le Capitaine Henriot, opéra comique, 3 ac. 1 »
Jacques Burke, drame en 5 actes......... » 50
Un Clou dans la serrure, c. vaud. en 1 act. 1 »
Les Mystères du vieux Paris, drame en 5 ac. » 50
Les Vieux Garçons, comédie en 5 actes... 2 »
Le Second mouvement, coméd. en 3 actes. 1 50
L'oncle Sommerville, comédie en 1 acte... 1 »
Le Singe de Nicolet, comédie en 1 acte... 1 »
Jupiter et Léda, opérette en 1 acte...... 1 »
Les Jo[...]es de l'amour, com. en 3 actes. 2 »
Le Mousqu[...] du roi, drame en 5 actes. 2 »
Les 2 Rei[...]nce, drame en 4 actes.. 2 »
La Belle [...]mant, drame en 5 act. 2 »
La Flûte [...] opéra fant. en 4 actes. 1 »
La Gitane, drame en 5 actes............. » 50
Les Vieux Glaçons, parodie des Vieux Garçons, en 2 actes.................. 1 »
Juge et Partie, vaudeville en 1 acte....... 1 »
Le Cabaret de la Grappe dorée, comédie vaudeville en 3 actes............. » 50
Madame Aubert, drame en 4 actes........ 2 »
Les Cabotins, comédie vaud. en 3 actes.. » 50
Lantara, comédie vaudeville en 2 actes.... 1 »
La Pomme, comédie en 1 acte, en vers.... 1 50
Les Victimes de l'Argent, com. en 3 actes. 2 »
Le Supplice de Paniquet, com. en 1 acte... 1 »
Les Parents de Province, vaud. en 1 acte. 1 »
Lisbeth, opéra comique en 2 actes....... 1 »
Le Saphir, opéra comique en 3 actes..... 1 »
La Comédie de salon, proverbe en 1 acte.. 1 »
Une Vengeance de Pierrot, bouffonn. 1 act. 1 »
Avant la Noce, opérette en 1 acte........ 1 »
La Petite Voisine, vaudeville en 1 acte... » 40
Macbeth, opéra en 4 actes................ 1 »
L'OEillet blanc, comédie en 1 acte........ 1 »
Le Mariage de Don Lope, op. com. en 1 act. 1 »
Un Drame en l'air, bouffonnerie, en 1 act.. 1 »
Le Bœuf Apis, opérette bouffe en 2 actes. 1 »
Les Enfants de la Louve, drame en 5 actes. 2 »
Le Ménétrier de St-Waast, mélod. en 5 act. 1 »
M. et Madame Crusoé, vaudev. en 4 actes. 1 »
C'est pour ce soir, à-propos en 1 acte..... 1 »
M. de Saint-Bertrand, comédie en 4 actes. 2 »
Le Supplice d'une femme, drame en 3 act. 2 »
La Voleuse d'Enfants, drame en 5 actes... » 50
Les Vendanges du clos Tavannes, d. 5 ac. » 50
Le Clos Pommier, drame en 5 actes..... 2 »
Bibi, vaud. en 1 acte.................... » 40
Lischen et Fritzchen, saynette en 1 acte. 1 »
Une Journée à Dresde, comédie en un acte. 1 »
Les [...] Sport, pièce en 4 actes... 1 »
Le C[...]val des [...]anotiers, vaud. en 4 act. » 50
Le [...]ns de Cadillac, com. en 1 acte.. 1 »
Le Supplice d'un Homme, comédie 3 actes. 2 »

Princesse et Favorite, drame en 5 actes. » 50
Les Yeux du cœur, comédie en 1 acte,.... 1 »
Le Déluge universel, drame en 5 actes.... » 50
Les Deux Sœurs, drame en 3 actes....... 1 »
Douglas le Vampire, drame en 5 actes.... » 50
L'Amour qui tue, drame en 7 actes....... » 50
La Gazette des Etrangers, folie en 1 acte. 1 »
Fabienne, comédie en 3 actes........... 2 »
Jeanne Darc, opéra.................... » 50
Le Meurtrier de Théodore, com. en 3 act. 2 »
Le Paradis des femmes, drame en 5 actes. » 50
Les Blanchisseuses de fin, com. vaud. en 5 actes........................... » 50
Les Parasites, drame en 5 actes......... 2 »
Pierrot héritier, comédie en vers........ 1 »
Le Roi de la lune, vaud. en 4 actes...... » 50
L'Homme aux Figures de cire, drame en 5 actes........................... » 50
Le Tattersall brûle! com. en 1 acte....... 1 »
La Marieuse, comédie en 2 actes........ 1 50
Les Douze Innocentes, opérette en 1 acte. 1 »
La Meunière, drame en 5 actes......... 2 »
La Louve de Florence, drame en 5 actes. » 50
La Famille Benoîton, comédie en 5 actes. 2 »
Le Médecin des pauvres, drame en 6 actes. » 50
Les Révoltées, comédie en 1 acte....... 1 »
Les Méprises de Lambinet, com. en 1 acte. 1 »
Martha, opéra en 4 actes.............. 1 »
Le Moine, drame en 4 actes........... » 20
Les Bergers, opéra comique en 3 actes... 2 »
Dernières Scènes de la Fronde, dr. en 3 ac. » 20
La Fiancée d'Abydos, opéra com. en 3 ac. 1 »
L'Honneur dans le crime, drame en 5 act. » 20
Malheur aux vaincus, comédie en 5 actes. 2 »
L'Homme à la blouse, drame en 4 actes. » 40
Le Lion amoureux, comédie en 5 actes. 1 »
Le Massacre des Innocents, drame en 5 act. » 20
La Consigne est de ronfler, com.-vaud. 1 ac. 1 »
Fior d'Aliza, opéra comique en 4 actes. 1 »
Barbe-Bleue, opéra bouffe en 3 actes 2 »
Qui Femme a, Guerre a, proverbe, 1 acte. 1 »
Cosima, drame en 5 actes............. 1 50
Le Chic, comédie en 3 actes.......... 2 »
Le Mariage d'honneur, comédie en 1 acte. 1 »
François le Champi, comédie en 3 actes. 1 »
La Contagion, comédie en 5 actes...... 2 »
Gabriel Lambert, drame en 6 actes...... 2 »
Didon, opéra bouffe en 2 actes......... 1 50
Mangeur de fer, drame en 5 actes...... 2 »
Don Juan, opéra en 5 actes........... 1 »
La Dent de sagesse, comédie en 1 acte. 1 »
Les Joyeuses Commères de Windsor, opéra comique en 3 actes............. 1 »
Le Serment de Bichette, vaud. en 1 acte. » 40
La Colombe, opéra com. en 2 actes..... 1 »
Les Dragées de Suzette, opéra com. en 1 ac. 1 »

IMPRIMERIE L. TOINON ET Cⁱᵉ, A SAINT-GERMAIN.